校（园）长专业发展研究丛书

中学校长论教育

ZHONGXUE XIAOZHANG LUN JIAOYU

主编　胡韬　唐大章

西南交通大学出版社
·成都·

图书在版编目（CIP）数据

中学校长论教育／胡韬，唐大章主编．—成都：西南交通大学出版社，2016.11
（校（园）长专业发展研究丛书）
ISBN 978-7-5643-5116-8

Ⅰ．①中… Ⅱ．①胡… ②唐… Ⅲ．①中学－校长－学校管理－四川－文集 Ⅳ．①G637.1-53

中国版本图书馆 CIP 数据核字（2016）第 282599 号

校（园）长专业发展研究丛书
中学校长论教育
主编　胡韬　唐大章

责任编辑	梁　红
封面设计	刘海东
出版发行	西南交通大学出版社 （四川省成都市二环路北一段 111 号 西南交通大学创新大厦 21 楼）
发行部电话	028-87600564　028-87600533
邮政编码	610031
网　　址	http://www.xnjdcbs.com
印　　刷	成都中铁二局永经堂印务有限责任公司
成品尺寸	170 mm × 230 mm
印　　张	11.5
字　　数	194 千
版　　次	2016 年 11 月第 1 版
印　　次	2016 年 11 月第 1 次
书　　号	ISBN 978-7-5643-5116-8
定　　价	48.00 元

目 录

农村高中教育发展的困境及应对措施

——以乐山市新桥中学为例

乐山市新桥中学　刘　林

【摘　要】农村高中教育发展面临一系列困境，高考升学率低常常不受教育主管部门重视；债务负担使自身发展举步维艰；骨干教师流失使发展陷入恶性循环；硬件设施落后使得竞争乏力。要确保农村高中的良性发展，需要政府增加对农村高中的投入，减少优质教师资源的流失，提高生源质量。

【关键词】农村高中　教育发展　教育投入　农村教师

普及高中教育是我国2020年全面建成小康社会的奋斗目标之一。普及高中教育的重点在农村，难点也在农村。2015年9月至2015年10月，笔者在对中国农村高中教育尤其是西部地区农村高中教育相关研究资料进行搜集和整理的基础上，重点考察了新桥中学的教育现状。通过实地调查、个别访谈等形式对该校在高中教育层面所面临的困境做了考察和分析，并根据这些问题，初步拟出了一些应对策略，旨在为相关管理者、教育者和研究者提供一些参考。

一、农村高中教育的一般概况

有学者指出，我国的高等教育已经出现了从“精英教育”到“大众教育”的转变。其实我们深入分析我国的经济结构后就会对这个观点产生怀疑。因为，中国二元经济结构并未从根本上改变，这是由我国还是农业人口占大多数的发展中国家的现实国情所决定的。对于作为个体的学生而言，一个学生要走出农村，取得城市户口，并在城市中获得生存、发展的一席之地，最直接的路径便是接受高等教育。也就是说，对农村学生来说所谓的“精英”实质上与对城市学生来说所谓的“大众”具有相同的内蕴。因此，我国政府长期坚持的重要方针便是鼓励和支持各级公立或民办高校发展。我国农村高中作为国家教育体系的重要组成部分，能否实现教学效果的优化，不仅关系到农村高中的生存和发展，更关系到我国整体教育质量的提高。有研究指出：出现了一种从整体上影响国家发展的教育危机，而农村人口是这种危机的最大受害者。其主要原因是：在稀缺的教育资源分配上城市占有极大优势；农村地区学校教育与人们的学习需求极不协调；教育政策将教育很大程度上等同于正规教育。

今天，我国农村的九年义务教育就普及情况来说，已经取得了巨大成绩。然而，九年义务教育与高等教育之间还衔接着一个高中教育。农村高中教育与城市高中教育的差距相对于农村九年义务教育与城市九年义务教育的差距来说，正是城乡教育差别的最大体现。“教育的难点和突破口在农村教育，城乡教育的真正差别就在农村高中阶段教育。”农村要发展需要一大批高素质人才，尤其是本土人才。农村高中教育正是培养熟悉农村、来自农村的高素质人才的桥梁和纽带。正如费孝通先生所说，乡村文明是中华文明的根，我们的民族是和泥土分不开的，从土里长出过光荣的历史。因此，农村高中教育必须受到重视，并在师资配置等方面实现与城市高中教育的均等化、同质化发展。但是，目前农村教育的现实情况仍然不容乐观。农村高中教育还未纳入义务教育范围，学费、杂费等费用对一些家庭困难的学生来说是难以负担的。

此外，我国还处于社会主义初级阶段，经济、社会发展相对滞后，教育财政开支有限。这些现实国情导致城乡高中教育在师资力量、办学条件、地理环境、教学资源等许多方面存在着极大的差距，农村高中生在起跑线上就已经落后于城市高中生。其实，除此之外，农村高中生还在很多方面相对于城市高中生来说面临着更大的压力。例如，农村高中生从家到学校往往需要长途跋涉，交通费用较高；农村高中师资力量有限，教学资源匮乏，一些学校连基本的实验器材都不具备，制约了学生的发展；农村高中信息相对闭塞，学生不能及时了解时事热点，在考试时面对这些热点问题往往不知所措。当然，目前我国农村高中教育也存在与城市高中教育同样的一些问题，比如片面追求学生成绩的提高和学校高考的升学率，并将其作为办学的唯一目标。这种应试教育模式不利于学生正确世界观、价值观、人生观的养成。

二、农村高中教育发展面临的困境

有研究者认为："当下中西部农村高中发展面临着生源减少、师资流失、评价单一、债务沉重等挑战。"也有学者指出："受西部地区农村人口出生率下降、择校热、城镇化迅速发展等因素的影响，农村高中学生生源越来越少，办学水平低下。"笔者以新桥中学为调研重点，在搜集中西部农村高中教育研究的相关资料的基础上，把农村高中教育面临的困境概括为以下几个方面。

（一）"一刀切"的考评机制导致"弱者更弱"

最近几年来，各级教育部门制定了一系列关于高中学校办学水平的考核规范和标准，建立了比较完善的高中学校评价机制。但是，对高中学校考评的核心指标并未调整，仍然是学生的考试成绩，尤其是学校的高考升学率。乐山市以及市中区教育局根据每届高中学生人口情况，对比同年度乐山市高考升学率，在高三一调考试后给学校制定高考目标任务。为此，整个高三，都要将完成或者超额完成目标任务作为工作的核心。高中学校、地方教育部门依然是以学生的成绩、学校的高考升学率作为竞争的重点、工作的焦点、政绩的看点。笔者在查阅相关资料时发现了许多类似案例。我校处于城乡接合部，每年学校的出口成绩受到社会大众的关注，这无形中给学校带来了一定的舆论压力，影响学校的教学方向和教学方式。如此一来，学生成绩好、学校高考升学率高的学校就会受到教育部门重视，并给予重点扶持。而农村高中在教学资源、地理环境、资金支持等方面都处于劣势地位，学生成绩和高考升学率自然不能与城市高中相比。这种"一刀切"的考评机制只会使"弱者更弱"。

（二）债务负担较重使农村高中教育发展受限

有关调查显示："我国高中现在欠债大约 1 600 多个亿，70%的公办高中都负有债务，平均一个学校欠债 1 000 多万元，巨大的债务严重地影响着高中的发展。"这些学校有很大一部分处于中西部地区。在 20 世纪末 21 世纪初，许多高中大兴土木，购置仪器设备，背负了巨大债务。然而，近年来，农村高中生源数量持续下降，生源不足的农村高中学校收入越来越少，办学成本则越来越高，加上相关部门扶持力度不大、社会支持有限，制约了农村高中教育的发展。在社会城市化趋势加快的大环境下，新桥中学学生人数从 2007 年 1 800 人左右，逐年下降至目前的 1 300 人左右，由于资金欠缺、学生招收范围受限，造成入口学生整体素质严重下降，有生源枯竭化的趋势。农村高中教育面临的最大困难是资金欠缺。由于受到地方经济发展水平、学校综合考评成绩等制约，农村高中无法得到当地政府有效的财政支持。资金缺乏使教师工作积极性差、优秀师资流失，使农村高中教育发展受限。

（三）优质师资流失使农村高中出现人才危机

教育人力资源的流动本来是一种正常的社会现象，有利于实现教师资源的优化配置。但是，目前我国普遍存在的教育人力资源的流动是非对称的、单向的。农村高中优秀教师往往倾向于流向办学条件、生活条件等均较好的城镇地区。很少有优秀教师从城镇高中流向农村高中。这种现象在西部地区尤为突出。我校基本上难以留住具有较高水平的学科带头人、骨干教师等，培养一批，流失一批，政治、物理、英语等学科由于人才流失严重，至今难以恢复以往的教研水平。引进教师大多从初中上调，人才的流动极不对称。如此非对称的、单向的人才流动，使农村高中与城镇高中差距逐渐加大。导致这种现象的原因很多，如地方政府对城镇高中投入更大，城镇高中教师福利待遇更好；城镇高中生源质量更高，升学率更高，更能使教师获得成就感和满足感；城镇高中平台更高，可以为教师的发展提供更好的空间；城市生活环境更加优越，对教师产生了更大吸引力。

（四）资源非均衡配置拉大城乡高中教育差距

城乡高中教育发展不平衡的重要原因是地方政府对所辖地区高中教育资源的非均衡配置。目前，高中教育资源非均衡配置问题已经十分凸显，严重影响农村高中教育的顺利开展。在调研乐山市辖区内城乡高中相关情况后不难发现，国家级或省级示范高中名师荟萃，教学设备一应俱全；市级示范高中次之；农村高中则明显呈现出师资力量短缺、教学设备不齐等问题。新桥中学教学楼至今仍然是 20 世纪 80 年代的建筑，实验设备长期未得到及时更新。硬件设备的差距，导致学校与附近的几所高中相比，缺乏实质上的竞争力。同时，城乡高中虽然所用教材一致，但是农村高中由于教学设备、教学用具等教学条件受限制，有时候并不能充分发挥教材的作用，教师只能根据学校的实际教学条件来设定教学方案，这样显然不利于教学效果的提高。因教育资源非均衡配置又造成软件资源的硬伤，直接影响教学效果和教学成绩。因此，资源非均衡配置拉大了城乡高中教育差距，使农村高中教育不能够迅速发展起来。

三、农村高中教育的发展出路

通过对农村高中教育面临困境的分析，我们不难发现，要改变农村高中教育现状，必须增加对农村高中教育的政府经费投入，加大对农村高中教育的社会资金支持，遏制对农村高中教育资源不公平配置，并切实保证农村高中生源的质量、数量。

（一）增加对农村高中教育的政府经费投入

目前，地方政府尤其是县级政府财政不宽裕，对农村高中的经费投入力度不大，仅仅能够支付教师的工资，而较少投入资金到农村高中运转所需的基建、办公、业务等领域。农村高中投入不足，使其负债率越来越高，制约了办学规模的扩大和教学质量的提高。对此，各级政府要关注农村高中教育发展情况，加大对它们的教育经费投入力度，改善农村高中学校的办学条件、缩小城乡高中在软件和硬件方面的差距。各级财政部门应该设立农村高中建设专项资助经费，并制定相关的监督、保证措施确保经费的正确使用。同时，必须防止一些地方政府为了减少财政压力而减少对农村高中学校投入，让其自筹经费等情况的出现。

（二）加大对农村高中教育的社会资金支持

农村高中教育的发展不仅需要政府部门的资金投入，还需要社会资金的支持。相关部门要充分利用金融、信贷、财政等手段，提高农村高中学校的融资能力。鼓励各地区采取政府拨款与银行借贷相结合的方式，保证农村高中学校的资金来源。同时，要充分发挥市场机制的作用，集社会之财、聚万民之力，引入民办公助、国有民办、股份制等新的办学模式，对农村高中教育进行创新发展。此外，要制定完善的农村高中后勤社会化制度，以市场为导向吸引社会资金投入到学生宿舍、学校餐厅及其他设施的建设之中。这种“用学校明天的钱来建今天的学校”的资金吸纳模式能够缓解资金短缺给农村高中教育发展带来的压力。

（三）遏制对农村高中教育资源的不公平配置

由于农村高中教育先天、后天条件不足，与城市高中教育在办学条件、办学基础、师资队伍、教育理念、文化内涵等方面存在着较大差异，表现出明显地发展不均衡特点。优质师资、先进教学设备、最新图书资料等教育资源往往大量集中于城市高中，农村高中在这些方面则显得极为逊色。相关部门必须制定科学的高中学校建设标准，实现资源的合理配置。也就是说，建设标准应规范、合理。对农村高中而言，必须按照设置最低建设标准建设以保证学校顺利运行。对于城市高中而言，必须设置最高建设标准以防止学校超标、超限。同时，要鼓励农村高中与城市高中联合办学，实现教师资源的双向流动。

（四）保证农村高中生源质量和数量

受到多种因素影响，农村高中生源数量越来越少、质量越来越差。一方面，农村经济条件的制约，使一些学生初中毕业后便外出打工，以养家糊口。这在一定程度上减少了农村高中的生源数量。另一方面，农村优质资源多不愿意就读于农村高中，多流向城市高中。这种现象不仅使农村高中生源数量降低，而且使生源质量也得不到保证。对此，应该通过各种渠道帮助更多的农村学生初中毕业后有机会上高中。可以利用多种方式开展就业观念宣传教育，引导农村初中毕业生认识到高中教育的必要性；可以开展多种形式的助学活动，补助学费、减免杂费、提供奖学金，建立和完善对经济困难学生的常态化帮助体制。

参考文献

[1] 曲正伟. 城乡一体化与农村高中阶段教育的发展定位[J]. 东北师大学报，2009（4）.

[2] 高毅哲，纪秀君，柯进. 中西部农村高中现状调查[EB/OL].（2012-12-18）[2015-10-15]. http://www.jyb.cn/basc/sd/201212/t20121218_521787.html.
[3] 薛正斌. 西部地区农村高中规模化发展的反思[J]. 教育科学研究，2010（10）.
[4] 赵婀娜. 关注国民教育体系之“腰”：高中教育最近有点“烦”[EB/OL].（2013-04-11）[2015-10-15].http：//www.jyb.cn/basc/xw/201304/t20130411_533895. html.

论学校管理中的人本管理

乐山市峨眉山第一中学　娄万强

【摘　要】人文，作为人类文化的一种基因，作为一种朴素的习惯和意识，古已有之。学校应该是充满“人文气息”的精神家园，学校的管理应该充满“人文关怀”，学校的活动应处处时时闪现“人性的光芒”。学校的管理应该是基于人本的管理。

【关键词】人文　人本管理　学校管理

学校应该是充满“人文气息”的精神家园，学校的管理应该充满“人文关怀”，学校的活动应处处时时闪现“人性的光芒”。“以生为本、以师为本、以人为本”是学校管理中非常重要的理念，也是学校管理的最高境界，本文就学校如何更好地实现“人本管理”谈谈个人体会。

一、人本管理与学校管理

“人本管理”是把员工作为企业最重要的资源，以员工的能力、特长、兴趣、心理状况等综合性情况来科学地安排最合适的工作，并在工作中充分地考虑到员工的成长和价值，使用科学的管理方法，通过全面的人力资源开发计划和企业文化建设，使员工能够在工作中充分地调动和发挥工作积极性、主动性和创造性，从而提高工作效率、增加工作业绩，为达成企业发展目标做出最大的贡献。

“学校管理”是学校管理者以学校内部管理活动为研究对象，通过一定的机构和制度采用一定的手段和措施，带领和引导师生员工，充分利用校内外的资源和条件，整体优化学校教育工作，正确揭示学校内部管理活动规律，规范学校管理行为，提高学校管理效能，有效实现学校工作目标的组织活动。

从以上概念可以看出，无论是企业还是学校，“管理”一定是紧紧围绕“人”

而展开，当“使用人、理解人、尊重人、依靠人、关心人、激励人、服务人、发展人、塑造人、成就人、凝聚人”在学校管理工作中得到很好的落实，学校的管理效能也就能得到极大的提高。

好的学校管理，“让人愉快地做事”体现了管理的艺术性，“让人高效地做事”体现了管理的科学性，“让人正确地做事”体现了管理的规范性，“让人做正确的事”体现了管理的战略性。

二、学校管理中的“人本”

对于学校而言，“人本管理”包含三层含义，一是要求管理者要把所管理的人当作“真正的人”看待，二是管理者要认识到学校的发展一定要“依靠人”，三是学校发展的目标在于“开发人、塑造人、成就人”。

（一）“人”是学校最重要的资源

不能把学校每一天的工作看成工厂的生产流水线，以为按部就班就可以取得工作业绩是不可能的。每一节课课堂效率的高低，与每一位老师课前的精心备课、课中是否充分发挥了学生的能动性、课后的反思与巩固有很大关系。只有把教师和学生当成一个个活生生的有血有肉的人，充分调动老师和学生的积极性、主动性和创造性，才能提高工作和学习效率，以及工作业绩和学习成绩。相反，把人固化在一定的时间和一定的场合，只有制度的管理效率是低下的。

（二）“把校长看作普通人”是实施“人本管理的”前提

“人本管理”不仅仅是“把教师当作人”“把学生当作人”来管理，还应把“校长当作人，一位普通的人”来看待。陶行知先生说“校长是一个学校的灵魂”，强调了校长的魅力对管理好学校的重要作用。校长的魅力是指校长的政治道德素质、知识水平、管理能力等方面对师生的综合感染力。作为一位校长，除了身份是管理者外，还应该把自己当作“普通人”看待，不能高高在上，居高临下。要追求道德上的自我完善，不以权谋私，不贪图享受；要处处以身作则，处处以事作则，在工作上率先垂范；要做到团结他人，亲情友善，和颜悦色，诚恳待人，与师生打成一片。

（三）激发班子活力是促进“人本管理”的关键

学校“人本管理”的一个关键环节就是充分发挥好学校领导班子的活力。领导班子的活力是学校工作取得成绩的关键。无数事实证明，一个校风正、学风浓、管理好、质量高的学校，就一定有一个团结、勤勉、实干、高效而又具有活力的领导集体，反之，只能导致内耗。校长的责任在于对方向的把握、决策的指引、品德的影响、精神的感召。校长手里不应拿着鞭子，而应高举着旗帜。校长应该给予干部充分的用武之地，充分发挥他们在管理中的主动性和创造性，又对他们进行必要的有效监督，做到放而协调，活而有序，统而顺畅。此外，作为学校管理核心的一校之长，还应特别注意在适当的时候深入学校基层管理部门，给部分管理干部尤其是能力偏弱的部门以及新上任的管理干部具体而有力的指导和帮助，为这些管理干部做好参谋，当好后台，树立权威，困难时伸出援手，出错时巧妙补救。部门工作早日走上正轨，管理干部迅速成熟起来，学校的整体管理就得到加强了。

（四）学校“人本管理”的终极目标是“开发人、塑造人、成就人”

学校的发展，究其根本来说，还是人的发展，是为了“开发人、塑造人、成就人”。一是学生的发展。二是教师的发展。学校搭建教师成长平台是实施人本管理的保障，教师的专业成长是教师个体主动构建的过程，不能靠校长强加，在这一构建过程中更需要“人本管理”。作为校长，应该甘作人梯，为教师的成长提供平台与空间。尊重教师的个人发展，贴近教师自身成长的需要，努力为教师实现个人理想铺路搭桥。帮助教师特别是青年教师，提炼教学特点，挖掘研究课题，提升教育理念和成果水准，总结教师的先进典型、经验，宣传教师的劳动成果和工作业绩，提升教师个人行为的思想基础，为教师争取访问、培训、学习交流的机会，让教师迅速超越自己，快速发展。三是管理人员的发展。在我校，采取了行政年级分管制度，将校长、政教员、教务员都具体分配到一个年级，既要仔细思考所分管的全校的工作，又要承担所分管的年级的工作。管理人员任务重了、思考的事情多了，锻炼的机会也就多了，成长的速度也就快了，提高的幅度也就大了，如此反复，学校的管理工作也就更容易了。

（五）抓好“制度建设”是人本管理的有益补充

学校在进行“人本管理”的同时，也应加强制度建设与管理，使得两者相辅相成。制度建设是学校管理的基础，其最大意义在于以法治取代人治，实为学校管理的大势所趋和必然选择。一所学校要办好，必须有一个好的校长；一所学校要成为百年名校，就必须依赖制度与文化的创新。这样校长才不至于陷入事务主义，才能抓大放小、有所为有所不为。值得注意的是，制度建设是一柄双刃剑，既可以激励人，也可能束缚人。发挥其正面作用的关键是制度设计中必须渗透“以人为本”的理念。在工作中从建立激励机制入手，以教师的发展为动力，制定一系列能够激发教师内驱力的规章制度。

三、学校管理中的“人性”

学校要想实现其教育目标主要得依靠全体教职工的共同努力，要办好学校首先要调动教职工的积极性，使教职工真正成为管理的主体。要注重教师积极性的激发，必须在充分自主、充分尊重、充分民主的基础上，以人性化的管理来实现教育目标。

富有“人性”的管理，具体体现在“尊重人和理解人”。尊重人和理解人是搞好管理的先决条件和关键。因为尊重人才会重视人才，理解人才能发现人才、使用人才。学校的中心工作是围绕人来进行的，管理的核心当然也是人。因为，工作是人做的，只有先管好人，才能管好事。根据教师的心理特点及工作特点，对教师开展人性化的管理应注意以下几方面：

（一）尊重教师人格，给教师一定的“自由度”

“尊重每一个人”是现代组织管理的基本要求，也是必然要求。无论是学校领导者，还是普通教师或者学校学生，都是具有独立人格的人，都有做人的尊严和做人应有的权利。学校管理者不仅要尊重每一名教师，也要尊重每一位学生、每一位后勤岗位聘用人员、每一位家长。一个学校之所以能够存在和发展，是因为学生和家长的认可，他们选择了这所学校，是因为有教师和工作人员的付出，所以应当尽一切努力，使所有教师和学生感觉到自己是学校的主人。

教师工作时间和空间的非限制性决定了教师工作环境的非限制性。家访、学习提高、搜集资料、科研教研等一系列教学工作的延续，都不是在办公室就能完成的。所以，如果坐班制度过于严格，犹如给教师戴上了“紧箍咒”，这不仅不利于教师身心舒畅放开手脚工作，提高业务水平和教科研能力，而且挫伤了教师的自尊心和积极性。当然，建立一些考勤制度、工作规则是必要的，但不可太多太严。只有在合情合理合法的条件下，为教师工作提供一定的自由度，才能使教师的积极性和创造性得到恰如其分的发挥。又比如为了方便教师备课以及搜集资料，学校在每个办公室为老师们配备了电脑，并且提供了上网功能。但是如果认为老师们会利用电脑和网络在上班时聊天、打游戏、炒股，认为老师们自觉性不强，以这条理由取消电脑和网络，便是对老师们人格的不尊重、不信任，是因噎废食的做法。

作为学校管理工作的领导者，要尊重教师，善于调动他们的积极性。尊重教师，首先要用平等的态度对待教师，用朋友的身份与教师交往。领导者如果居高临下，冷若冰霜，就会在校长与教师之间树起心理的障碍，形成心理的隔阂。其次要尊重教师的个性。每个教师都有自己独特的个性。在他们做好本职工作的前提下，校长不要过分地追求管理要求上的整齐划一，不要用死板的条条框框去限制教师充满创造性的教学活动。

(二）充分理解教师，公平对待每一位教师

理解是一扇窗户，推开它，就能闻到新鲜空气；理解是一扇门，打开它，就会走向各方；理解是一座桥，跨过它，就能你我相连。理解让人收藏阳光，理解让人更加阳光。

教师的工作是复杂的、隐形的，不可单以时间来衡量，这就需要校长充分理解教师的工作性质。作为学校管理者应做这方面的有心人，融洽与教职工的情感，这样，教职工也会视领导为知己，他们就容易在国家、集体、个人之间的关系上找到最佳结合点。作为校长，应注意主动和教师交流，增进沟通和理解，拉近管理者与教师的距离。用爱心、关心、真心、诚心打造严谨有序、宽松和谐的教职工群体，使管理者和教师成为彼此信赖、相互尊重的知心朋友。

要做到“教师和管理者之间相互理解”最简单的做法就是“换位思考”。“换位思考”，就是把自己假想成对方，站在对方的角度、对方的位置、对方的立场、对方的角色思考问题。

人文，作为人类文化的一种基因，作为一种朴素的习惯和意识，古已有之，无论是西方还是东方，无论是中国还是外国。随着社会对优质教育资源的需求越来越高，面对新形势，学校如何发展，如何打造人文校园，着力点在哪里，这又是一个个难题。人永远是管理活动中最宝贵的资源，每位管理者只有真正做到了“理解人、尊重人、依靠人、帮助人、关心人、激励人、服务人、发展人、塑造人、成就人、凝聚人”，才能充分调动每一位职工的积极性，才能带动学校的发展。

参考文献

[1] 罗伯特·G. 欧文斯. 教育组织行为学[M]. 上海：华东师范大学出版社，2001.

[2] 侯立华. 关于学校人本管理的探讨[J]. 教育探索，2002（8）.

[3] 姚灶华. 学校人本管理的实践探究[J]. 教学与管理，2003（23）.

浅谈农村高中发展新模式——体教结合模式

四川省犍为第一中学　王　强

【摘　要】今天的学校发展大都呈现基本一致的态势，很难在一所学校发现其独有的特色。作为一所农村高中，乐山市犍为第一中学以体育为突破口，走体教结合之路，摸索出了一条农村高中特色发展之路。这得益于教育主管部门以及学校领导在观念上的转变，以及内部的科学管理、各级政府和社会的经费支持。

【关键词】农村高中　体教结合　特色发展

一、个案基本情况

四川省犍为第一中学位于川西平原西南边缘，距成都 180 千米的犍为县，是乐山市第一大县，属于农业县，全县人口 58 万。犍为县历史悠久，自汉武帝建元六年“开西南夷”置犍为郡以来，至今已有 1 400 多年。四川省犍为第一中学建校于 1923 年，至今已有 93 年的历史，近几年本科升学率都在 65% 左右，教学质量在乐山市得到认可。但该县有普高四所，职业中学一所，由于近年生源越来越少，形成僧多粥少的局面，加之交通越来越发达，优秀生源向乐山、成都、绵阳等地流失严重，要想在升学率及升学层次上再有突破和发展，难于上青天，学校发展空间受到很大程度压缩和制约。为了学校发展，2004 年开始学校当时的领导经过多方考察、论证，问计于专家，经过一年多的酝酿，决定在稳住现有的教学质量的前提下，以体育为突破口，走体教结合之路，打开学校发展的新局面。由于学校的经费有限，最后选定了投资较少，开展不普及，容易发展的体育项目——女子曲棍球项目为龙头，推进体教结合模式，使学校在新平台下健康发展。通过多年打磨，我校女子曲棍球队已取得不俗的成绩：2006 年和 2010 年，我校代表乐山市参加四川省第十届和第十一届运动会，分别夺得第四名、第三名。参加全国青少年锦标赛，

2007 年获中学组冠军；2009 年获甲组第四名，乙组第一名；2010 年获甲组第三名，乙组第一名；2011 年获甲组第二名，丙组第二名。参加四川省青少年曲棍球比赛，2007 年获冠军；2008 年获得四川省锦标赛和冠军杯赛冠军；2009 年获四川省锦标赛和冠军杯赛第二名；2011 年四川省锦标赛甲组、乙组均获得第一名。从组队到现在的十年间，球队在人才输送方面取得了一定的成绩：先后向四川省曲棍球队一队输送了五名队员，向省二队输送了十余名队员，先后为国少队输送了欧紫霞、罗敏、钟梦玲、王逾四名队员。彭杨、吴梦荣于 2009 年入选国家青年队；2011 年 1 月彭杨入选国家女子曲棍球队，2012 年 7 月，彭杨入选中国体育代表团出征伦敦奥运会，获得亚军；2014 年彭杨、吴梦荣代表中国队参加仁川亚运会夺得亚军。

二、具体举措

2005 年 3 月，在乐山市体育局领导的关心和支持下，我校组建女子曲棍球队，2007 年 8 月首批被命名为“国家曲棍球奥林匹克后备人才基地”。我校女子曲棍球队组队时仅有队员 12 名、教练 2 名，现有教练 4 名，在训队员 46 人，队员年龄分布在 8～18 岁，其中高中生 6 人、初中生 25 人、小学生 15 人，她们分别来自乐山市 11 个区县中的 7 个区县。

2005 年学校投资 40 余万元修建了六人制标准的曲棍球场，并配置了力量房；以申报“国家曲棍球奥林匹克后备人才基地”为动力，于 2007 年投资近 400 万元，修建了一流的十一人制曲棍球场，有力地促进了我校曲棍球队的建设和发展。先后接待了内蒙古、甘肃、四川的曲棍球队和省内的德阳市、攀枝花市、眉山市的女子曲棍球队来校训练。学校于 2007 年 7 月成功承办了全国青少年曲棍球锦标赛，先后多次成功承办了四川省青少年曲棍球锦标赛和冠军杯赛。

（一）领导的关心和支持是建设好基地的根本

我校女子曲棍球队得到了各级领导的亲切关怀和大力支持，坚定了我们建设好基地、建设好队伍的信心和决心。国家体育总局手曲棒垒球运动管理中心的领导和多位专家多次到校给予热心的指导。四川省体育局多位领导到校指导工作，关心球队的建设，为我校球场的建设拨款 50 万元。修建六人制场地时，市体育局拨款 5 万元，修建十一人制场地时，县教育局拨款 100 万元。为了解决专业教练问题，2005 年，县委县政府以“引进人才”的方式，破例解决了学校聘请的教练陈霞的事业单位编制。棒球垒球曲棍球运动管理中心张桂云副主任、四川省队教练团队利用在我校冬训和比赛的机会，就球队的管理、训练和梯队建设提出了很多宝贵意见，为我们带来了先进的训练理念和方法，并亲自或组织专业队员为我队队员做示范。

（二）确立“体教结合”办学理念

自组队之日起，学校就确立了“体教结合”的理念和思路，把学校教育教学和管理的优势与业余训练、基地建设相整合，相互促进，致力打造学校体育教育特色。

“体教结合”是教育方针的一种具体的、实在的体现形式。教育和体育本就联系密切，都属于大教育、大文化的范畴，都是为了育人、培养人才。学生成长、成才，需要强健的体魄作保障，离不开体育运动和锻炼；学校体育工作在面向全体学生的基础上，需要有亮点和特色；体育人才需要科学文化知识的武装以及科学文化知识的积累，对提升运动员的涵养、意志品质和思维品质的培养不可缺少。教育和体育有机结合，有利于促进学校体育教育工作，提升学校体育教育特色，有利于体育人才的发现和培养，有利于运动员的持续发展。

体教结合，就是要遵循学生身心发展规律，把握业余训练的特点和要求，科学合理地安排学习和训练，突出训练的基础性、科学性和规范性，二者相互促进，相得益彰。

（三）科学选才，科学训练，强化内部管理

按照“选好苗，招得来，留得住，培好土，扎得牢，送得出”的思路，选才和训练突出基础性、科学性和规范性，不断加强内部管理，着力建设团结和谐、积极进取、勇于拼搏的曲棍球团队。

在市教育局和体育局的大力支持下，我校曲棍球队面向全市范围选才。利用各县、各校举行运动会的机会，到现场物色苗子，不定期到市内的初中、小学考查、选拔苗子。选才时，充分考虑年龄梯度，综合考查学生的基本身体素质、灵活性和协调性，特别注重考查文化基础和运动领悟能力。

学校本着育人为本、长远规划、循序渐进的原则，把为上级球队输送优秀苗子作为工作目标，把培养队员对曲棍球运动的兴趣和热爱作为首要任务，身体素质训练和基本技术训练并重，注重战术思想培养和素养提升，突出基础性，追求技术动作的合格规范；按不同的年龄梯队和技术水平，将队员分成两个训练梯队，分层次训练，确保训练效果。按训练计划训练，按教案组织实施，学校定期检查计划执行情况和教案，分管领导每周至少到训练场督查三次；每次训练后进行小结，让每名队员都清楚自己的不足，便于下次改进。早晨6:30—7:00早练，周一至周四下午5:00—6:30训练，周六和周日全天训练（上午9:00—11:30，下午15:00—17:30），每月只放一次归宿假，寒暑假均安排集训，赛前集训增加夜训。

学校成立由校长任组长、分管体育工作副校长任副组长，包括德育、教学、后勤部门负责人、教练员为组员的管理领导小组，全面负责球队日常训练和管理。注重氛围营造，在寝室和训练场张贴激励性格言，力量房布置有大幅海报，介绍队伍历史、成绩、荣誉和优秀队员事迹；开展校史教育，以“负重自强　勇争一流”的犍为一中精神激励学生，坚持鼓励原则，大力宣讲我队优秀队员的事迹，树立榜样，引导队员树立远大理想，培养良好的自信心和不怕苦、不怕累、团结协作、顽强拼搏的优良品质；坚持狠抓养成教育，遵规守纪，规范言行，培养自理能力和良好生活习惯；建立队内激励机制，每月评选一次优秀，并体现在训练补贴和比赛奖励的发放上。

（四）保障学习，提升文化素养

选上的苗子要招得进来，必须要解决队员上学读书的问题，而且能享受到优质的教育。在这一方面，市、县教育主管部门给予了大力的支持。凡被我队选上的队员，不论是县内还是县外，在读书上学方面我们提供一条龙服务，就读的学校都是我县风气好、教育教学质量高的学校，解决了家长的后顾之忧，家长都乐意送子女到球队。小学生统一由县教育局安置在县城内两所小学就读；小学毕业后，保证升入我校兴办的外国语实验初中，并享受减免一半费用的优惠政策；初中毕业后我校根据队员的表现和运动能力，使用特长生指标将其特招入高中就读。

合理科学地安排队员的学习时间和训练时间，保证学习和训练两不误。

根据学校的要求，教练要定期到小学、初中与老师联系、沟通，了解学生在校的学习和表现情况，参加每一次的家长会。晚上 7:00—9:00 教练轮流值班，维持学生自习纪律，督促学生预习、复习功课，检查学生作业完成情况；掌握学生每次考试的成绩，对学习进步的队员进行队内张榜表扬，对学习有退步的队员要个别谈话，帮助学生分析原因，联系老师进行辅导。

从 2008 年首批队员高中毕业到今年，已有四届曲棍球队员顺利完成高中学业，除被专业队选上外，其余的 16 名队员均顺利考上大学，其中 10 人考上本科院校。

（五）经费保障

从球队组建以来，尽管学校经费十分紧张，但一直坚持对球队的投入不压缩，该投即投，确保球队的日常训练、建设和发展。从 2008 年到 2014 年，七年间学校预算外收入共投入 168 万元，年均 24 万元，用于添置设备器材、场地维护、外出比赛和教练员运动员的补助奖励等。

上级下拨的所有经费（训练经费、体彩公益金）全部用于队员生活补贴，根据队员的家庭经济状况和训练的状态确定补贴等次，同时向优秀队员倾斜；队伍参加各级比赛的费用除上级拨款外全部由学校承担，队员不承担任何费用。学校制定了明确的奖励措施，参加省级和全国比赛取得优异成绩，对运动员和教练给予奖励。

近年来，由于我队取得了较好的成绩，加上市政府、市体育局、市教育局大力宣传，我队在乐山市各中小学知名度大增，我队选才区域不断扩大，并影响了一些有条件的小学开始在校园内开展曲棍球运动，如沙湾区太平小学、我县新城小学等，这对曲棍球事业的发展以及我们基地的建设都是非常有利的事情。

成绩属于过去，未来充满挑战。为了培养更多的体育后备人才，完善体教结合模式，以点带面，大力推进学校体育运动，提升学生素质，学校将以备战四川省第十三届运动会为契机，继续加大投入，提升教练的执教能力和水平，遵循学生身心发展规律和曲棍球运动的规律，着力解决球队训练和管理中存在的不足和问题，努力将我校打造成为国家曲棍球奥林匹克后备人才优秀基地。

参考文献

[1] 黄香伯，周建梅．体教结合培养体育后备人才模式研究[J]．武汉体育学院学报，2004（1）．

[2] 郑婕，陈志伟．体教结合的内涵解析[J]．成都体育学院学报，2006（1）．

[3] 华洪兴．超越“路径依赖”，谋求全面发展——体教结合的探索与思考[J]．体育科学，2006（6）．

中学生德育困惑及解决措施

乐山市井研县马踏中学　黄晓忠

【摘　要】在市场经济环境下，学校德育工作面临新的困惑，中学生传统观念逐渐式微，失却了一些基本的传统美德，法纪观念淡薄，厌学情绪严重。究其缘由，主要是因为一些社会不良风气和低俗文化对中学生产生了很大的负面影响，加之家庭教育不当、学校教育不到位等都使得中学生德育工作面临困境。因此有必要加强中学生思想政治教育，强化对德育工作重要性的认识，凸显家庭教育在德育中的作用，净化社会环境，由此建构良好的德育工作体系。

【关键词】中学生　德育　道德困境

随着市场经济的深入和网络的不断发展，给教育提出了培养大量高素质人才的迫切要求，但中学生德育还存在很大的不适应性，表现出了许多问题。这些问题迫使我们面对新形势、新发展，不断进行探索和研究。

一、中学生德育缺失问题的主要表现

时代飞速发展，促进了经济的繁荣和民族的振兴，但由于一些不良思想侵蚀，网络监管松懈、部分媒体不负责、选秀节目泛滥等使部分青少年和少数德育工作者的思想发生了扭曲。

（一）思想表现错位

一些人的人生观、价值观取向发生倾斜，拜金主义思想抬头。有些学生在对待个人与环境等关系上“唯我”。他们认为那些为国家民族的生存发展、为社会进步而做出牺牲的人，是十足的“傻子”。“一切向钱看”，“伸手要钱，出门讲价”。不尊重他人，缺乏同情心、礼让心、孝敬心。形成塑造自我形象上的“盲崇”心态，他们模仿生活上的“阔气”“洋气”“怪气”，言谈举止的流气、俗气、匪气，对待他人的“义气”和“霸气”。对待正面事物存在抵触心态，他们竖起拒绝正面事物的心理屏障，不屑追求知识，嘲讽打击好人好事。

（二）艰苦奋斗、勤俭节约的优良传统弱化，享乐主义思想抬头

部分学生爱慕虚荣，有的当着同学的面糟蹋东西，以示“阔气”，故意花钱雇人代做功课、代做清洁、代为寻衅斗殴以示“派头”。他们不切实际地追求，攀比“高档”，千方百计逼迫家长给钱，甚至偷抢同学钱物。当攀比不过时，便自卑自贱。有些同学看不起劳动者，甚至不愿当着同学的面与正在进行体力劳动或穿得“土气”的父母相认。

（三）法制观念和社会公德趋于淡薄，极端个人主义思想抬头

少数学生受社会不良风气影响，法制观念和社会公德淡薄，打架斗殴，动辄抽刀；拉帮结派，成立团伙；语言粗鲁，胁迫恐吓；贪玩赌博，屡禁不止；为了个人利益情愿损害他人或集体的利益；不爱护公物和公共卫生。

（四）读书学习的风气明显淡化，“读书无用论”时有抬头

一些中学生无故旷课，出入自由；喜欢到网吧打网络游戏、上网聊天；对棋牌、言情小说、武打小说十分迷恋，厌学情绪严重。

（五）市场经济条件下中学德育工作者的心理发生了变化

一部分人主观认为社会分配不公，贫富悬殊日渐扩大；物价上涨，腐败问题时有发生；德育工作者收入微薄，意见很大。社会上一些人对德育工作者不屑一顾，甚至对他们进行挖苦、讥讽、打击，致使他们丧失工作信心。加之学校、社会、家庭有重智轻德的倾向，管理上“德育工作难量化”，部分德育工作者感到心有余而力不足。

二、中学生德育缺失问题的成因

上述问题形成的原因是多方面的。从总体上说，有社会的、家庭的、学校的；从个体说，有主观的、客观的；有的问题一时难以解决。

(一) 社会因素的诱发

一是社会主义市场经济的建立。社会主义市场经济是中国特色社会主义的重要组成部分，是一项在世界上无例可援的伟大实践。尤其是在我们这样搞了三四十年计划经济的国家里，要建立一种新体制，原有思维模式的束缚、旧观念的阻力是任何国家都无法比拟的。因此，它既是一场物质性的变革，又是一场转变思想观念的革命。对外开放政策实施以来，除引进了许多先进的技术和管理办法外，一些资产阶级腐朽思想、拜金主义思想也悄悄渗入；加之国内外敌对势力的文化渗透，他们千方百计地输入大量精神鸦片，通过网络等多种传媒，腐蚀人们的灵魂，毒害我们的中学生，使部分中学生身心遭到严重摧残。同时，也腐蚀了一些德育工作者，使他们丧失了斗志和工作能力。二是社会文化的消极影响。社会文化是指通过报纸杂志、文艺作品、广播、电视等传递的各种信息。它是促使中学生社会化的客观条件之一。不良的社会文化也会导致中学生产生德育问题。一是社会上一些不法分子对中学生进行教唆、引诱，使中学生的德育行为失之规范；二是某些低级、庸俗的社会文化对中学生潜移默化的影响，一些中学生盲目模仿资本主义颓废派的穿着打扮，哼唱低级庸俗的小调，盲目模仿影视中的打斗、凶杀、色情行为；三是网络环境的不良影响，致使一些学生迷恋网吧，成天上网聊天、游戏，特别是一些不法网吧经营者为了牟取暴利，传播一些色情、暴力的图片和文字。部分学生长期处于某种不良环境，耳闻目睹社会消极的反面现象，久而久之，误认为黄、赌、毒以及坑、蒙、拐、骗、抢等违法犯罪行为是社会的主流，甚至是非不分，从而形成扭曲的思维坐标。因此，一些教师深有感触地说："五天的学校教育抵挡不住一个双休日。"

(二) 家庭的不良影响是导致中学生产生德育问题的重要因素

家庭是社会的缩影，是培养青少年成长的重要场所。有的家长存在极端个人主义、享乐主义和投机行为，生活作风低级庸俗，甚至从事违法犯罪活动，其子女耳濡目染，渐渐变质；有的家长甚至还给子女灌输整人害人、损人利己的思想和手段。此外，一些家长对子女放纵护短，娇生惯养，使之养成了好逸恶劳、贪图享受、称王称霸的个性品质。有的家长教育方法粗暴，对子女动辄拳脚相加，孩子为免遭皮肉之苦，采取哄骗办法以求平安，更有甚者，与家长产生敌对情绪，离家出走。值得一提的是，单亲家庭学生以及留守学生的德育问题亦不可忽视。

（三）中学生自身生长发育的特点

中学生的思维正处于人生最活跃的阶段，一方面，他们对一切新鲜事物（包括新的生活方式、新的价值观念等）的反应较之成人要敏感得多；另一方面，旧有的社会观念在他们头脑里并没有留下很深的印迹，他们对新生事物往往采取直接吸收并主动适应的态度，缺乏成人那种先用已有知识系统去审视，然后再逐步认识和承认的过程。辩证唯物主义告诉我们，任何一种思维形态的形成，无一不是主观因素与其所处环境相作用的结果。当今的中学生，已经萌发了相当强的个性独立意识，他们急于介入社会表现自我。同时，社会物质生活水平大幅提高，文化传媒空前普及化、现代化、复杂化，又促进了他们部分生理和部分心理（青春躁动）的超前发育。另外，父母娇宠又使许多孩子的部分心理（社会责任感等）滞后发育。这样，面对形形色色的社会现象，急于参与而又缺乏识别能力和自控能力的中学生必然对其所感兴趣的事物不加分辨地接受，从而受到消极反面因素的污染，也接受了不少消极、腐朽的东西。

（四）学校教育的缺陷是导致中学生出现德育问题的一个原因

一方面，一些学校片面追求升学率，重智轻德。一些升学无望的学生，产生了自暴自弃、破罐破摔的心理，这是德育问题产生的又一因素。另一方面，有些学校在教育教学上呈现单一化和公式化的趋势，思想教育上报告多，大道理讲得多。教学上，内容单调，本本主义，加之教材要求高、难度大，学生感到压力大且枯燥乏味，无形中拉大了教育要求与学生之间的差距，难以达到预期的教育目标。有的教师教育方法不当，只教书不育人，有的教师不尊重学生人格，对学生讽刺挖苦、体罚或变相体罚，使学生产生逆反心理。

三、中学生德育缺失问题的解决措施

目前，我国正处于一个新的历史发展时期。建设有中国特色社会主义的伟大事业，一方面要求我国经济体制和经济增长方式实现两个根本性转变，推动我国社会生产力的持续发展和综合国力的不断增强。另一方面，又要求人们不断树立与社会主义市场经济相适应的思想观念，在保持和发扬中华民族传统美德的基础上不断提高社会道德水平和文明程度，建立与新形势相对应的社会主义思想观念和道德规范体系。这种形势无疑对培养中学生成为社会主义建设者和接班人是一个更高的要求，对于中学生德育也是一个机遇。中学生德育应做好以下几个方面的工作，使社会、家庭、学生三者结合；在全社会营造一个优良的德育环境，形成德育合力。

一是把握好德育与思想政治教育、道德教育的关系。德育是指各级各类学校按照国家利益，根据国家颁布的教育方针或教育宗旨的要求，有目的、有组织、有计划地对受教育者进行思想政治教育和道德品质教育的过程。道德教育与思想教育是密切联系着的，但我们决不能把它们视为等同，它们是有区别的。学校的思想教育，主要是对青少年学生进行辩证唯物主义世界观、人生观的教育，也就是要为青少年学生形成世界观、人生观打好基础。政治教育，就是要增强对党和国家所持的正确立场、观点的认识，解决一个人的政治方向、立场和态度问题。在学校教育中，“德育”是一个更为宽泛的概念，它是学校对青少年学生进行思想教育、政治教育、道德教育的总称，既包括党团组织和少先队、学生会组织进行的教育，又包括思想政治教育课和各科教学中的思想教育。抓好学生德育，是学生整体素质发展教育的重要内容之一，在学校教育中，始终都应居于首要的突出地位。这是学校社会主义性质的必然要求。

二是正确认识德育和智育之间的关系。教育者应坚持“育人为本，德育为首，教学为主，全面发展”的思想。同时，要充分认识国家的发展和进步必须依靠科技和教育，光有建设社会主义的热情，没有建设社会主义的本领是不行的。因此，学校应该而且必须理直气壮地抓好智育，抓好教学质量。但只重视智育，忽视乃至丢失德育，这不仅是教育思想不端正，而且也很难抓出满意的结果。正如德国教育学家赫尔巴特指出：“教学如果没有进行道德教育，只是一种没有目的的手段；道德教育没有教学，就是一种失去手段的目的。”学校良好的学风班风和教学工作是紧密相关的。必须克服智育一手硬，德育一手软的状况，走出智育与德育对立的误区，摆脱应试教育思想的束缚，树立素质教育的观念，强化“以德育人是大根本”的意识。

三是发挥“堵”和“导”之间的作用。在德育工作中，我们要面对现实，有效地防止污染的发生，从实际情况出发，从日常行为抓起，先“堵”后“导”，“堵”“导”结合，从而达到标本兼治的目的。要先堵住污染源，严禁一切不合适的视、听、唱；然后利用舆论阵地，开展多种多样切实有效的宣传活动，营造清除污染、扫除不规范行为习惯的强烈氛围。在“堵”的同时，还必须“导”。结合各科知识教学，开展丰富多彩、生动活泼的课外兴趣小组活动。在活动中使学生远离污染源，陶冶情操，培养创造性思维和健康高尚的审美情趣。

四是提高师德修养。教师要以身作则，为人师表，还要具有高度的敬业精神。教育学生认真学习马克思主义哲学，树立辩证唯物主义世界观，增强社会主义、共产主义信念，增强为社会主义献身的力量和勇气，在困难面前知难而进，保持革命乐观主义精神。同时教育学生系统学习邓小平理论，根据学生的特点，采取多种形式进行学习，让邓小平理论进入教材、进入课堂、进入头脑。帮助学生正确认识建设有中国特色的社会主义的目标任务与体制转轨、社会转型的现实之间的反差，要教育青少年看到事物的本质、主流，用改革开放的伟大成果去教育他们、鼓舞他们，激发他们投身改革，参与改革的热情，从而引导他们认真学习，识别和抵制形形色色的错误思潮，形成良好的道德品质。

五是加大投入，优化社区和校园环境。道德品质的形成是一个长期复杂的过程，而中学生正处于道德品质形成的关键时期。不能单靠课堂的教育方式来解决问题，德育与整个社会环境有着密切关系。要加大投入，使学校成为学生生活的乐园、求知的学园、温馨的家园、美丽的花园。同时还应重视创造德育的社会环境，抓好社区文化建设，营造良好的社区文化氛围。加大社会综合治理力度，净化社会育人环境，坚决打击违法经营的网吧，大力着手社区“绿色网吧”的建设。

六是促进家庭教育。转变家长的教育观念，树立教育子女“要成人，先做人”的正确思想。家长是子女的第一位老师，家长的言行思想对学生的影响很大，对子女起着潜移默化的作用。禁止家长将不良行为和思想传播给子女，为学校教育、社会教育设置障碍。让黄、赌、毒远离家庭。家长应当平等对人，规范自己的行为，净化家庭环境，让孩子耳濡目染，一开始就受到良好的教育。

只有正确认识中学生德育问题，全社会高度重视，采取行之有效的解决办法才能更好地培养出新时代的接班人。

参考文献

[1] 陈文. 论社会转型期中学生的德育教育[J]. 福建师范大学学报，2003(5).

[2] 苗彩霞. 传统道德文明与中学生道德教育研究[J]. 西北民族大学学报，2014(3).

[3] 邓婕. 杨淑萍. 中学生利他行为稀缺的道德教育反思[J]. 教育探索，2014(6).

农村高中可持续发展浅析

眉山市仁寿县清水中学　姚敏林

【摘　要】当前的农村中学面临优质生源和师资外流、办学基础条件落后、教育观念陈旧、学习氛围淡薄等不利因素，这需要政策与体制的改变与支持，但更需要学校，特别是以校长为引导的校领导班子对形势的正确判断与正确决策，这是农村高中可持续发展的必由之路。

【关键词】农村高中　可持续发展　特长发展

本人毕业于 1989 年 7 月，先后在仁寿县富加中学任副校长五年，在仁寿县文宫中学任副校长五年，在仁寿县锌强中学任党总支书记一年，2014 年 7 月到仁寿县清水中学任校长。工作 26 年，见证了农村中学由盛渐衰的历史。作为一名农村中学的校长，回顾这 26 年农村中学所走过的历程，感慨万千。面对诸多问题和困惑，我以一个校长的身份，重新审视了现在的农村学校教育，以下是我的一些思考和体会。

一、师资短缺是制约农村中学可持续发展的重要因素

我县农村中学师资短缺，结构不尽合理，教师年龄偏大，导致教育教学观念严重滞后，职业倦怠严重。以我所在的学校为例，学校现有教职工 82 人，其中，1970 年以前出生的 24 人，占 29.3%；1970 年至 1975 年出生的 28 人，占 34.1%；1976 年至 1979 年出生的 12 人，占 14.6%；1980 年以后出生的 18 人，占 22%。由此可以看出教师老龄化现象是比较严重的。

年龄偏大的农村中学教师思想容易停留在“曾经”的辉煌中，工作按部就班、悠闲安逸，再加上教师收入有所提高，导致教师在工作时缺乏足够的激情和热情，甚至个别教师出现缺岗缺课等现象。还有一些教师，在物欲横流的社会思潮的影响下，为满足自己的一己私利而逐渐丧失了一名教师应有

的职业道德和尊严，把学生当作一种“资源”，采取不正当手段从学生身上获取财富。而农村中学与城市中学相比发展严重滞后，农村中学在激烈的竞争中被远远地抛在了后面，与城市中学的差距越来越大。就拿生源来说，不要说优质生源，农村中学要招够能维持学校正常运转的学生人数都异常艰难。

以上这些都严重地影响了教师的专业发展和自身素质的进一步提高，影响了学校教育教学质量的提高和学校的声誉。

面对这些情况，我认为可以从以下几个方面加以解决。

（一）加大农村教师的流动力度

年龄偏大的农村教师，在工作上缺乏竞争意识和继续奋斗的目标，原因之一就是他们一旦在某个学校安家，就可能待上一辈子。当他们事业有少许成就，就可能安于现状，满足于已有的成功而不再向更高的目标奋斗。一些教师可能因为没有成就而安于现状。如果能让农村教师在一定的范围内和统一安排调度下流动起来，让他们去不同的学校收获不同的成就，始终保持朝气蓬勃的状态和不断进取的激情，对任何一个学校来说，都是一笔可观的财富。当然，这个工作需要上级部门统一安排和部署。

（二）加大农村教师的培训力度

农村教师之所以容易安于现状，一个重要的原因就是他们所处的环境相对闭塞，能够交流的范围受条件的限制十分狭窄，特别是与名校的交流互动因办学条件和理念的巨大差异几乎不可能。他们接触外界最多的，就是市县一级的三年一轮回的教研会而已，能留在他们脑海中的所谓“新闻”，经过漫长的三年都已经是“旧闻”了。因此，国家或者地方行政主管部门，应当为农村教师的专业成长提供一个平台，让农村教师不断更新观念，适应社会的发展和新的教育教学理念的需要，让他们能不断接受外界的新理念、新思维，能在专业素质上不断提高，在专业水平上始终与社会的发展和需求保持一致，让农村教师能更好地找到教书育人的快乐和自信。

担任校长一年来，我把教师的专业素质培养提高作为学校工作的重点之一，让有条件的教师能走出去，以期能开阔视野，提振信心，重拾教育人的生机与活力。

（三）让教师有成功的满足和奋斗的欲望

现今高考模式下，对一名教师的综合考核一般都是通过高考成绩全县评估名次来确定的。在过去学校生源相对均衡的条件下，农村中学的教师因工作勤奋、务实扎实，其所带的学生一般都能获得良好的成绩，在参与全县的评估时，教师一般都能获得教育局奖励甚至县政府津贴。随着农村中学优质生源的急剧萎缩，农村教师获得良好成绩的基础已经失去，再想获得良好的评估名次几乎不可能。

对此，我采取了分班评估的措施，用一个班约四分之一的学生人数作参评基数，比较这部分学生的高考成绩与全县其他学校的高考成绩，看其在全县的名次。2015 年高考实践证明，我们的教师通过努力，同样能获得好的名次。而这些学科名次的获得，同样可以助推班级学生总体成绩的上升，也能有效地帮助学生实现考上更好大学的愿望。更重要的是，教师在这个政策下可以找到久违了的成就感，从而激发起他们寻找更新更高目标的欲望，调动起教师努力工作的积极性。

（四）加大农村学校硬件投入

我来到仁寿县清水中学之前，这所学校仅有的一间多媒体教室只能用于最简单的 PPT 教学。没有一块电子白板，教师办公室没有一台电脑，市上组织的期末考试网上阅卷都只能到网吧进行。所谓的学生微机室能用的十余台电脑都是十多年前配置的，连基本的学生计算机学业水平测试都无法进行。教师都采用传统的教学方式，与新课程条件下的教育教学要求相距甚远，与城市学校的教学差距越来越大。

担任校长这一年，为能迅速改善教师的教育教学条件，我们新添置了三间基本符合要求的多媒体教室，在教师办公室配置了六台电脑，网络系统安装到了每一名教师的办公桌上，为微机室新添置了 10 台高规格电脑，鼓励教师制作和使用 PPT 教学。实践证明，新的教育教学手段，能比较好地提高教师的积极性，能有效地激发他们的创新热情和探索进取的意识。当然，教育教学硬件设施的配置和完善，不是学校能完全解决的，还得靠政府和行政主管部门的强力投入。

二、优质生源的严重萎缩是制约农村中学可持续发展的另一个重要因素

这个问题所涉及的面非常宽，原因也是多样的。就我校 2012 级入口成绩来看，中考成绩进入全县前 3 000 名的仅有 7 人，2013 级仅 6 人，2014 级仅 4 人，2015 也是 4 人。而且这些同学的成绩普遍接近第 3000 名的成绩，最高的也只超过了二十多分。

今年我市的招生基本政策是，参加中考的学生可二次填报志愿，原志愿仅作参考。最重要的一条是之前填报某校志愿的学生，可报读其他学校而且不受限制。在录取程序上，先是省级学校的正取，再是省级学校的择校，然后是省级学校的补录，最后才是我们这类农村学校的录取。农村学校的生源质量令人担忧。我校所谓的正取线，就是全市划定的普高最低控制线。这样的生源，该怎样管理、教育，就成了摆在农村学校面前的一个重要课题。

我在 2014 年秋季开学典礼上就说过，“我们的教师可悲、可怜，但他们更可敬、可爱”，因为，他们所面对的学生，是一群基础、行为表现都非常差的学生，要把这些娃娃教好，得花费十倍的功夫和百倍的努力，因为他们用自己的倾情付出和无私奉献，为这些娃娃撑起了一片蔚蓝。而要妥善解决生源问题，除提高学校教育教学质量外，还需要地方主管部门的政策调整和平衡。

面对这样的生源，我们考虑走特长发展之路，引领学生健康成长、成才。我们提出了“塑造健康向上的人格品质，培养有素质有涵养的合格高中毕业生”的育人目标，以矫正学生行为为抓手，以激发学生积极性、培养学生自信力、帮助学生摆脱自卑为突破口，探索学生特长发展之路。相信不久的将来，仁寿县清水中学一定会辉煌再现，不负清水人民的一片期待之情！

参考文献

[1] 严富雄. 解决农村高中生存危机的实践与探索[J]. 学园，2015（14）.
[2] 吴军. 农村中学存在的问题及对策探讨[J]. 经济研究导刊，2015（1）.
[3] 王学兵. 校长如何引领学校发展[J]. 宁夏教育，2015（6）.
[4] 简宏杰. 提升学校发展层次的五个抓手[J]. 生活教育，2015（18）.

中职学校食堂饮食安全管理研究

四川省洪雅县职业中学　黎　洪

【摘　要】中职学生多数在校就餐，搞好学校食堂建设，确保用餐卫生安全，是事关学生身心健康的大事，也是家长们普遍关注的热点之一。食堂管理只有科学规范，才能有效安全地解决学生吃饭的问题，才能让学生安心在校学习。本文通过对学校食堂饮食卫生状况进行专题调研，发现存在的问题，并分析原因，根据个人经历总结了一些管理对策，以期强化学校食堂饮食安全管理工作。

【关键词】中职学校；饮食安全管理；管理制度建设

民以食为天。食品质量、安全历来是全社会关注的焦点，一起起食品安全事故、一件件危害人们身体健康的事件已在社会上引起了强烈反响，尤其是学校食堂，由于用餐者主要是学生，而每一个学生背后是一个或多个家庭，所以办好学校食堂，管好学生的伙食涉及千家万户，关系到社会的和谐与稳定。近年来，尽管学校食堂管理工作不断改善，但食堂管理中依然存在不少问题。以下是笔者就目前食堂饮食安全管理中存在的问题、原因及对策进行的一些探讨：

一、学校食堂管理存在的问题

第一，学校很注重教育教学、科研工作，而忽视了食堂的管理工作。

第二，食堂管理制度不健全或落实不到位，如食品进出库台账记录制度未能得到有效落实等。

第三，学校食堂硬件设施设备落后，设施不完善，防鼠防蝇设施不全或无效。

第四，食堂员工普遍没有经过正规的培训，缺乏真正懂管理会经营的人才，一些员工素质低下，服务意识不强，生活卫生要求低，致使饮食安全工作存在很多薄弱环节。

二、存在问题的原因

造成以上状况的原因有很多，主要有以下几方面：

第一，教育教学、科研工作容易出成绩，而食堂管理不容易出成绩，导致学校对食堂管理重视不够，特别是对饮食安全存在侥幸心理。

第二，管理制度不够完善或是有制度而流于形式，未真正落实。

第三，经费困难，设备设施无法更换。

第四，物价持续上涨，饭菜价高、质差、量少，菜式单一，各种矛盾日益突出。随着社会的发展和人民生活水平的提高，人们对饮食的要求越来越高，呈现出多元化发展趋势，传统的餐饮标准已不能满足师生的需求。

第五，食堂员工素质普遍不高，不具备相应的技能，操作水平不高且不规范，服务意识淡薄引起师生的不满。

三、食堂饮食安全管理对策

（一）大力宣传　达成共识

学校要采用多种形式大力宣传食堂饮食安全。一是会议宣传，逢会必讲，每会都宣传，校长办公会、中层干部会、班主任会 、教师大会、学生大会、班团会、家长会等都认真宣传并落实饮食安全。二是网络宣传，利用学校网站、QQ 群、广播等发布饮食安全的相关知识。三是文字宣传，利用学校专栏、黑板报宣传饮食安全。通过采取以上措施，让饮食安全深入人心，人人皆知，达成共识。

（二）完善制度　细化管理

1. 分工明确　完善制度

食堂工作是学校的基础工作，食堂工作的管理直接影响到学校的全面管理。学校要高度重视食堂管理工作，健全管理机构，组建食堂领导班子，落实专人负责；完善相关的工作制度。食堂按制度严格管理，分工负责，责任到人。对不能胜任工作或不适合做某项工作的人员进行岗位调整，做到人尽其才。

2. 从严考核　细化管理

为保障师生饮食安全，学校对食堂从业人员的工作态度、服务质量、个人卫生、工作纪律、职业道德、操作安全六个方面要提出明确而具体的要求，并将上述基本要求的执行情况和岗位职责的履行情况一并纳入每月考核，从而加强对食堂从业人员日常工作的管理。

(三) 重视培训　提高素质

食堂工作对学校的发展起着不可替代的作用。学校要高度重视对食堂工作人员的培训，要求食堂人员始终树立为教学一线服务的思想，坚持“食堂工作必须服务于教育教学”的原则，学有所用，更好地为食堂工作服务。

1. 参加上级培训

无论是食堂业务培训还是饮食安全培训，学校都应积极派人参加，参加培训学习的人员回校后应对全体食堂工作人员进行二次培训，做到资源共享，提高认识。

2. 加强校本培训

定期召开食堂工作会，定期培训食堂工作人员，特别是炊事员的培训应纳入到食堂的常规管理工作中，坚持每年对炊事员进行四次以上培训。与此同时，学校为确保食堂食品安全制定了食品原材料采购制度和食品加工制作制度，对食品的购货到食品的制作等各环节都提出细化要求。通过培训，不断强化炊事员的食品安全意识、卫生意识、服务意识，进而提高炊事员的整体素质。

3. 以比赛促学习

开展厨艺大赛，进一步提高炊事员的技术水平。学校每年举行一次厨艺大赛，全体炊事员都参加比赛。通过开展厨艺大赛，起到炊事员相互学习、提高技艺的岗位练兵作用。

(四) 饮食安全　高度重视

安全重于泰山，特别是饮食安全是根高压线，我们要时刻警惕。

1. 责任落实到人

实行层层负责制，层层签订安全责任书，学校与分管领导、分管领导与食堂工作人员分别签订《饮食安全责任书》，从领导到工作人员明确岗位职责，做到人人知安全、人人管安全、人人抓安全。根据学校伙食团管理意见，按照不同岗位制订相应的岗位职责和操作规程，将食品安全管理责任落实到岗位，细化到人头，从而确保了食品从原材料到成品各环节的安全管理。

2. 督促检查到人

校长或分管领导每天至少到食堂督察三次，早、中、晚各一次；炊事班长随时督促工作人员，发现问题及时指出并立即整改落实到位；每位工作人员把安全工作放在首位，一切工作都以师生安全为出发点和落脚点。

3. 制度落到实处

为确保学校食堂的食品安全，食堂应加强日常食品安全检查和管理工作，严禁非食堂工作人员进入食品操作间，严把进货关、质检关、制作关、消毒关、卫生关。食品安全管理贯穿于食品采购和制作的各个环节。为控制好食品的来源，学校在购买所有大宗食品时都要签订供货合同，在取得供货方资质证明的同时，还要求供货方缴纳一定数量的供货质量保证金，对提供肉类食品的供货商坚持及时索取动物检疫合格证明，凡不合格食品一律拒收，从而在食品的来源上把住了关口。食堂始终坚持把各项制度落到实处：一是坚持炊事员的晨检制度和个人卫生情况检查记录；二是坚持食品原材料的质量查验制度；三是坚持食品制作各环节的检查制度；四是坚持食品信息安全公示制度；五是坚持食品的每餐留样制度和餐具消毒登记制度；六是坚持大宗食品采购的集体议价定价制度；七是坚持食堂环境卫生的每日检查制度。

4. 排查安全隐患

学校食堂定期进行安全隐患排查。如用电、用气、锅炉等安全隐患排查，根据季节变化，进行食品安全隐患排查。食堂工作是细节决定成败，排查安全隐患必须全面而细致。每期开学前和放假前进行拉网式排查，清理库房，检修锅炉灶具、电气线路、消毒设施、防鼠设施和大门自动闭合器，发现问题及时解决，将各种安全隐患彻底消除在萌芽状态。

(五) 创建活动　积极开展

学校要努力搞好一些创建活动，按照上级要求，对伙食团的设备设施进行维修和改造，积极准备好硬件和软件，争取在餐饮服务食品安全监督量化分级管理中成为"A 级"单位，成为市县餐饮服务食品安全"示范单位"。

学校食堂工作要始终围绕"服务为本、保障优先，领导放心、师生满意"开展工作，严格实行精细化和制度化管理，积极探索食堂管理的新思路和新方法，始终坚持"以人为本，服务育人"的思想，以"热情服务、主动服务"为抓手，按照学校提出的"严管理、重质量、讲效率、求声誉、保安全"的服务宗旨，努力把各项工作落到实处。

参考文献

[1] 郑丰杰. 我国食品安全现状及其对策[J]. 黄冈师范学院学报，2006（6）.

[2] 胡斌. 学校食堂卫生管理对策[J]. 中国校医，2000（5）.

[3] 蒋贤根，王文兰. 对我国学生食堂加强卫生管理的建议[J]. 中国学校卫生，2001（1）.

[4] 张占存. 学校食堂卫生存在的问题及其管理对策[J]. 医学动物防制，2009（4）.

新课改背景下农村高中的困境及其对策的实践思考

四川省眉山市彭山区第一中学　李永祥

【摘　要】高中教育承上启下，对学生的一生有重要的影响，但当前的高中教育，尤其是农村高级中学的发展却面临重重困难：办学设施差及资金不足、教师编制及工作量等问题长期没有得到合理解决。本文通过实践思考，提出一些相应对策，希望能对同类学校有所参考。

【关键词】新课程改革　农村中学　实践思考

教育是民族振兴、社会进步的基石，是提高国民素质、促进人的全面发展的根本途径。高中教育承上启下，对学生的一生有重要的影响。对于一所高中学校来说，教学质量是生存之本。但当前农村高中在办学过程中面临许多影响教育教学质量的问题，本人在此稍作梳理，以就教于方家。

一、面临的困境

（一）学校硬件设施问题

学校面临历史原因留下的债务问题。很多农村高中学校，由于学生生源的萎缩，已经被合并或撤销，全县只有一所高中，人口较多的县才会有两所或更多。高中学校普遍都集中在县城，使得县城高中学生规模扩大，很多学校都需搬迁重修，积累了一定的债务，成为学校发展的负担。

学校布局问题。很多学校在搬迁过程中，由于当地政府对教育支持的力度不同，对学校的布局影响很多，很多都出于对当地经济发展的考量，而不是从教育发展、学校文化的沉淀和学生的角度来思考学校布局，导致一些高中学校的布局不合理。

教学设备配备问题。由于社会和科技的发展，教育水平也跟着提高，电化教学设备进入高中教学领域，但很多农村高中学校的配备不合理，且没有统一的标准和要求，上级教育装备部门也没有统一的设备规划，很多学校都跟不上教育发展的要求，导致的局面是，部分学校都在开始建设未来课堂了，还有很多学校仅仅依靠粉笔和黑板开展教学。

学校运行成本。学校的运行成本逐年增加。在新课程背景下，高中教师培训的成本也在提高，虽然国培和省培项目解决了教师的培训费和吃住费用，但教师培训过程中的交通费要靠学校解决。而且每个学校参与国培和省培的教师人数较少，对多数教师的培训还是要靠其他方式，这又需要大量资金。

（二）教师编制问题

教师超编的问题。现在学校教师的编制都是按师生比例来核定的，很多学校的教师都超编。为了解决这个问题，大班额教学应运而生，从教育和学生的发展角度来看，小班教学势在必行，教育部规定高中教学班每班不得多于 56 人，这一规矩迟迟没有得到落实。

教师工作量的核定问题。对于教师工作量的核定，没有正式的文件来规定，很多高中学校教师工作量的核定都沿用发展过程中形成的本校规则来进行。就高中语文而言，新课程要求语文每周 5 节课，两个班的教学都不够工作量，因为很多学校要求教师工作量为每周 12 节，这是按以前每周 6 个工作日计量的。

教师的人事主体问题。现在人事制度的改革，教师和公务人员一样，逢进必考，教育部门对教师入职的教学技能考核被淡化了，能教学的不一定能考进来，考进来的不一定能安心教学。再者，教师有进来的通道，却没有出去的通道。教师一旦通过考试，学校就要对他负责到底，不能胜任教学的也必须安排工作，占用了本就紧缺的编制。

（三）教师工作积极性问题

教师职称评定问题。学校的编制被核定之后，人事部门就以学校编制按一定比例核定学校高级、中级、初级教师职称的具体人数，这很可能导致教学成绩突出的教师以及担任非高考科目的教师很难评上，教师的职称评定更多的是在论资排辈。教师的职称评定已经成为影响教师工作积极性的重要因素，而现在的新问题又出来了，很多高中学校为了解决师资问题，要求新入职的教师必须是研究生学历，而人事部门规定，研究生工作三年，考核合格定级为中学一级教师资格。可以预见，如果不改变现状，在不久的将来，教师的职称评定会变得更“残酷”。

教师的待遇问题。在每个地方，教师相对于公务员和其他具备专业技术职称的工作人员而言，待遇普遍较低。高中教师，每天工作时间长，工作量大，为上课的准备时间远多于上课的时间，备课、作业的批改、考试的准备等都要花费教师大量的时间和精力。教师的付出明显与所得不吻合。绩效工资是考核教师工作的绩效的，对教师而言，无论工作好坏，都必须将绩效工资中的 30%拿出来，并将其中的 15%用于学校考核班主任绩效。这导致的结果就是，绩效低的人虽然没有被扣很多，但毕竟是比以往少了，而绩效高的人也没有得到多少奖励，反而还要受那些被扣了绩效奖励的教师的挤兑，双方都有怨气。

教师工作分配的问题。地处县城的高中学校优质生源流失都比较严重，为了留住优质生源，学校被迫设立重点班，个别教师长期承担重点班的教学工作，这样不利于优秀教师的涌现；而承担普通班教学的教师，其所教班级的学生的高考成绩不会特别突出，其工作绩效也很难体现，这也影响着教师工作的积极性。

教师评价的问题。在当前的高考模式下，对教师的评价方式单一，高考教学出口质量在教师评价中占有绝对的地位，教师的评先选优标准的设立，对教师工作积极性缺乏激励作用。

（四）选修课开设的问题

师资达不到选修课开设的要求。对学校而言，教师还是那一批教师，却让教师承担常规教学之外的教学任务，对教师的工作能力和知识结构提出新的要求，而上级教育主管部门没有配套的培训机制和激励机制，结果是，一方面教师能力达不到选修课开设的要求，另一方面教师对选修课的开设积极性不足。

教师选修课开设的工作量的核定与待遇问题。校本课程的开发和学校选修课程开设以来，没有具体的文件规定担任选修课程教学任务的教师工作量如何计算，待遇怎样也是学校各自规定，校际差距非常大。

学生和家长对选修课的需求问题。对于家长和学生而言，目的非常明确，就是为了学生考上一个好大学，选一个好专业，将来有一个好工作，因此他们对校本课程和选修课很难提起兴趣。对学习有困难的学生而言，选修课比较“好玩”，而对想考大学的学生而言，就是“耽误学习时间”。这一点是迫切需要改变的。

校本课程和选修课程开设的硬件设施装备问题。校本课程和选修课程的开设，存在教学用房不足、教学设备不达标等问题，很多农村高中学校的校本课程和选修课都变成高考学科的补习课程。

二、对　策

面对高中教育中存在的问题，教育主管部门应当承担相应的责任，尽力解决高中教育中的问题，本人认为可以从以下几个方面进行探索。

（一）以省为单位，制订相应的高中教育管理政策

第一，完善高考招生制度改革。根据四川省特点，将清华、北大的招生计划按人口比例下划到市一级，以出口来调控生源，实现教育真正意义上的均衡发展。

第二，建立教育公务员制度，对教师的职称评定有明文规定。一方面，利用现有的人事制度方案，让教育教学能力突出的教师优先参与职称评定；另一方面，让潜心教学的教师通过一定年限的积累也有所提升。例如，中学二级教师承担一线教学工作满 15 年，被认定为具有中学一级教师资格；中学一级教师承担一线教学工作满 15 年，被认定为具有中学高级教师资格。

第三，建立教育问责机制。将教育纳入当地政府的项目考核当中，形成一套教育标准。

第四，制订高中校本课程管理标准和高中学生综合素质评价标准。

（二）强化教育监督和督导的功能

第一，通过制度建设，充分发挥社会监督和专业人员的督导功能，使教育监督和督导落到实处，真正起到监督和督导的作用。

第二，充分利用高科技信息手段使教育监督社会化，提高教育监督手段。

第三，教育督导人员的选择要慎重，应该建立一套制度来保障。

强国必先强教。优先发展教育，提高教育现代化水平，对实现全面建设小康社会奋斗目标、建设富强民主文明和谐的社会主义现代化国家具有决定性意义。随着教育改革逐步深化，办学水平不断提高，农村教育也得到发展。高中教育极大地提高了全民族素质，推进了人才的选拔，为经济发展、社会进步和民生改善做出了重大贡献。虽然高中教育还存在一些问题，国家通过改革教育体制也在一步一步地解决，但作为高中学校的校长，还是要适应社会的变革，不断改变，使自己管理下的学校成为学习的乐土以及学生成才和教师发展的乐园。

参考文献

[1] 吴军. 农村中学存在的问题及对策探讨[J]. 经济研究导刊，2015（26）.
[2] 张东平. 农村中学优质生源流失的原因和对策[J]. 中学教学参考，2015（12）.
[3] 严富雄. 解决农村高中生存危机的实践与探索[J]. 学园，2015（14）.

普通高中校长关于创办特色学校与提升沟通素养的思考

眉山市彭山区第二中学　伍鹏程

【摘　要】创办特色学校和提升沟通素养对于中学校长做好学校管理工作的意义非常重大。在创办特色学校时，要以政策导向、校情学情、学校办学理念及学生培养模式为出发点，而提升沟通素养，更多的是要注重语言艺术的培养。

【关键词】特色学校创办　沟通素养提升　实践思考

在此前的高中校长任职资格培训中，我认真听取了各位专家的有关教育管理的专题讲座，受益匪浅；回顾自己近六年的副校长生涯，感悟颇多。为了对本次学习掌握的知识进行全面梳理，对本次学习的理论进行深度理解，在此联系工作实践谈谈自己的收获和感悟。

校长对学校的领导，首先是教育思想的领导，校长的思想素养水平的高低影响着学校发展质量。校长有了思想素养，才能改革创新，有了改革创新，才能促进学校发展。创新改革是学校发展的核心，而校长的思想素养则是创新改革的基础。目前，我国社会的发展特别强调校长要加强“两支队伍”的思想建设，这就要求校长站在教育发展的最前沿，端形正言，率先垂范，锐意改革，大胆创新，善于沟通，恰当表达。校长要有勇者气质，具有办出学校特色的胆识；要有智者策略，具备言语沟通的艺术。

一、创办特色学校的实践与思考

（一）政策导向与特色学校的创办

结合本次培训学习所见所闻，运用近六年来的管理知识与管理经验，站在自己的视角，我对构建特色学校做了一些浅显的构想。

现代普通高中教育中一种不可替代的发展趋势是以校本开发与改革校本课程为抓手，以校园文化建设为突破口，以大力发展学生特长为落脚点，改革办学模式，全力打造学校特色，构建特色学校。

2014 年 5 月 10 日中央电视台《新闻联播》报道，教育部正积极酝酿启动高校转型改革，中国高等教育将发生革命性调整，今后五年，中国将以建设现代职业教育体系为突破口，对教育结构实施战略性调整，而这一调整将集中在高中和高等教育阶段。目前，我国高校中除 100 多所由中央部委直接管理外，还有 646 所地方本科院校，另外 600 多所 1999 年大学扩招后“专升本”的地方本科院校将逐步转型为职业技术学院，专注于做现代职业教育，重点培养工程师、高级技工、高素质劳动者等。中国解决就业结构型矛盾的核心是教育改革。教育改革的突破口是建立现代职业教育体系，注重培养人的技术技能。研究类的人才，只能体现社会发展的部分需求，相对而言，属于小众群体。文化类本科院校与职业大学招生比调整为 4∶6。职业教育体系，将在既有的模式中打通学历层次，在职业学院也可以修本科，甚至是硕士和博士。以此项政策为导向，学校班子与学校中层、骨干教师、党员开展了各个层面、各种形式的座谈会，共同分析彭山二中高中的历史、现状和未来，大家一致认为，必须抓住国家教育变革和职业大学招生比例扩大的契机，积极改革转型，找准彭山二中高中改革的切入点，深度探寻和科学规划学校未来三至五年的发展方向，以学生为主体，以质量发展为中心，实施“分层教学”，进行校本课程改革，开发校本教材，开展特色校园文化建设，推行“双元制”的培养机制，实现“普职”与“普高”比翼双飞，努力打造特色校园文化，创建特色学校。对于属于高中三类学校的彭山二中，这样的发展才会走在最前沿。

（二）校情学情与特色学校创办

校情方面：我校是一所市级重点完全中学，在计划经济年代，为大力发展彭山一中，二中服从上级部门的安排，长年作为升学补充力量，只招收中考排名靠后的学生。在 20 世纪 90 年代大学没有扩招的背景下，专科上线从未突破两位数，学校发展跌入深谷，社会评价与社会认可度很低。优质生源集中在一中，而我校生源基础薄弱，教师虽付出了许多时间，耗费了许多精力，但高考成绩总是没有提高。教师长期心理压抑，不被肯定，没有荣誉感，工作中灰心丧气，怨声载道，幸福指数低，工作积极性不高。同时，在强大的经济浪潮的冲击下，彭山二中一批批自己培养的教学能力出众的教师又纷纷到成都、眉山或彭山一中任教，给我校的发展以沉重打击。虽然整个高中阶段师资比较完备，但大多学科没有领军人物，竞争力减弱，缺乏向上的内部动力，教师业务能力与水平止步不前，教师队伍的发展遭遇瓶颈。

学情方面：综上所述，彭山二中对优质生源缺乏吸引力。当前二中高中部高一、高二近 1 000 名学生中，中考前 300 名的学生，高一有 16 人、高二有 18 人，共计 34 人，百分比仅为 3.4%；中考 300 名至 500 名的学生，高一有 44 人、高二有 24 人，共计 68 人，百分比为 6.8%；500 名之后的学生百分比则高达 89.2%。以现在高一的中考录取分数 400 分来分析，除去体育考试和实验考试的分数，学生分数在 340 分左右就能顺利迈入彭山二中高中，因此我校近两年生源整体素质明显下滑，学生学习习惯、行为习惯非常差。在开展德育教育和对违纪学生的处理过程中，我们明显感觉到 80%以上的学生世界观、人生观、价值观模糊，他们没有明确的人生目标，十分懒惰，不愿服从管教，纪律涣散，觉得学习枯燥乏味，生活没有乐趣，不热爱也不留恋校园生活。大部分学生在学校找不到立足点和闪光点，找不到成功的体验和快乐的理由，厌学、违纪、辍学的情况十分严重。

（三）办学理念与特色学校创办

文化是人们的价值观、习惯和生活、工作方式等要素的总和，是集体成员的行为之根基。学校文化建设不是一个自发的过程，需要通过系统内的变革加以推动，是一个不屈不挠长期推进的过程。

我校“以人为本，科学管理，和谐发展”的办学理念形成于 20 世纪 90 年代。这是追根溯源，从历史的角度追踪学校的历程，寻求学校的精神源泉，集老一辈教育者的智慧，站在当时教育的最前沿所提炼出来的。发展是现实的召唤，新的教育思想，必然在教育教学改革的实践中产生；新的教育理念，应当在教育教学试验的探索中逐步升华与完善。新形势、新情况，带来了新任务、新问题，呼唤新思路、新对策。经过了二十多年的发展，面临新的教育形势与高校转型的教育改革，我们需要赋予学校新的理念内涵，“以人为本”应该凸显关注学生终身发展，并能从国家人才目标、就业结构型矛盾等方面确立人才培养模式，给学生的发展搭建更好的平台。“科学管理，和谐发展”的当务之急是结合“校情”“学情”，以学生为主体，围绕怎样留住学生、吸引学生，怎样把学生送入大学，培养出国家、社会需要的适用性人才，真正体现学校管理的科学化，实现学生、学校、社会三者的和谐共赢。

（四）分类培养与特色学校创办

是泥土，就可以烧成砖瓦；是铁矿，就可以百炼成钢；是金子，就可以放出光彩。教育不是一刀切、大锅烩，而是分品种、有特点；教育不是统一灌输、拔苗助长，而是个体发展、张扬个性。

每一个生命都有一个适合自己的发展平台，每一个学生都有一个适合自己的美好未来。我们要高举“分层教学”旗帜，围绕“质量是生命”，铺设分层教育平台，坚定不移地走发展特色学校的道路。

第一平台：以考取本科院校为追求理想，主要针对文化基础好的学生。在这方面，彭山二中一直以“高进高出”“低进高出”的办学实绩走在市级重点中学的前列，已取得了不容小觑的文化教育成绩。

第二平台：以考取艺体院校为目标，主要针对有决心培育自身特长，发展自我特长，文化基础较好，十分渴望借用特长优势迈入艺体院校的学生。从 2003 年起，彭山二中在一些年级（高 2006 届、高 2009 届、高 2012 届）做过大胆尝试，创建体育班，取得了不俗的成绩，在眉山市艺体高考中成绩遥遥领先，体育本科双上线率高达 75%，但当时我们并未站在学校未来发展的层面进行全校推广，进行长期规划和强力打造，后来因为某些因素，这项工作便戛然而止了，错失了改革发展的大好机遇。

第三平台：以考取应用型大学为成长方向。主要针对动手能力强，对化工机电、应用电子、市场营销、酒店管理等感兴趣的学生。

创建特色学校的基础是形成共同的教育价值观，而共同教育价值观的核心内涵是以学校办学理念为标志的教育思想。我们只有以办学理念为引导，结合“分层教育”改革规划，明确形成彭山二中具体的、操作性强的办学目标，建立落实“三个平台”教育模式，形成自身办学的管理特点、工作方式、价值取向和生活习惯，才能打造真正具有二中特色的学校。

二、语言艺术与沟通素养的提升

言语表达是信息发送者将自己的真实意图传递给对方的主要方式，沟通的内容重要，沟通的方式更重要。不讲别人听不懂、不愿听的话，多讲别人听得懂的话、乐意听的话。

一个好的管理者，沟通能力一定是出类拔萃的。美国前通用电器公司总裁，被誉为世界第一 CEO 的杰克 · 韦尔奇先生谈到他管理的成功秘诀时说，如果简单一点，就是两个字——“沟通”；如果再复杂一点，就是四个字——“沟通、沟通”；如果再复杂一点，就是七个字“沟通、沟通、再沟通”。细心阅读《中学教师的职业标准》第 55、56、57、58 条，沟通就占了四条，说明对于一名教师，沟通是多么重要。

因此，在“两支队伍”思想建设中，沟通策略艺术化是新时期校长必备的能力。这就要求校长平时要多读书，多看报，不断丰富思想内涵，不断提升自我修养，熟练掌握沟通交流的策略艺术，提升自我表达能力和说服能力。

（一）学会艺术表达

作为“一把手”的优秀校长，需要恰到好处的、高超的艺术表达能力，言语沟通的策略艺术，常用“3+X”方式的文明用语。“3”指：您好、谢谢、请。“X”包括：对不起、没关系、再见、合作、感激、恰当……

（二）学会换位表达

在与同事进行思想交流的过程中，校长应多采用体谅认同老师处境与想法的表达方式。如“我知道你……”“是的”“你说的有道理”“我认同你的观点”；多采用选择式代替是非式问答，如用“你要……还是要……”代替“你要不要……”。要避免一些不利于沟通的言语，少说“你”“你们”，多说“我”“我们”，少说“但是”，多说“而是”，多用“如果”，多委婉表达，少用对抗性言语。

（三）学会灵活表达

在与学校管理不合拍教师的交谈中少用破坏性、批评性言语，多用建设性言语，比如多采用接近教师的表达方式。交流时多采用以下言语沟通，如“我很想听听你是怎么想的？”“这种状况下你希望我怎么做呢？”“你觉得呢？”“你认为呢？”当对方反映完一个情况，表达了一个观点，你感觉可以接受不反对就多说“啊，是这样”“嗯，我也这么想”；当不认可时可以说“我们先冷静一下，思考一下，等研究后，再做商量”“这个事情如果……，是不是更好？”“我们冷静地站在全校大局，这样……，是不是更合理些？”千万不要以“我明白你的意思”“我知道你想说什么”等言语粗爆打断对方，突显出不耐烦的情绪，从而加剧紧张的干群关系。

（四）学会认真倾听

苏格拉底说过“人有两耳双眼，只有一舌，因此应多听多看少说”。在和老师交流时，认真倾听的状态，能让老师感觉受到尊重、得到认可，所以适当地身体面向说话者前倾、注视对方、点头、微笑、记笔记并且口头多回应，有利于提升校长的管理者形象，扩大校长的影响。

具有高水平沟通能力的校长，不仅能浸润学生的心灵，而且能深刻影响教师的人生观和价值观；具备高水平沟通策略的校长，在学校“两支队伍”建设中不仅使学校干群关系变得和谐，还能建设一支充满活力、充满凝聚力、充满正能量的教师队伍，使学校各项工作顺利推进，真正形成政令畅通，上传下达、形成合力、工作效率最大化的良好局面。

创办特色学校是一项长期细致的系统工程，在这项工程中，管理理念是基础和保障；教师合力是能量和动力，学生成长成才是归属和目标。一所好的学校，一定是走在教育的最前沿，有明确的办学思想，有鲜明特色的学校；一个好的校长，一定是具备管理能力和沟通艺术，善于做思想工作，不给上级添乱，能稳定教师队伍，能在长期的实践工作中不断完善自己，大胆改革，不断创新的有胆识、有策略之人。只有这样，才能让学校不断发展，与时俱进。

参考文献

[1] 郑若兴. 特色学校建设要抓到“点”上[J]. 天津教育，2011（6）.

[2] 宣茂成. 学校特色化及形成的初探[J]. 浙江教育科学，2005（1）.

[3] 王久古.“特色学校”创建的思考[J]. 教育，2015（36）.

[4] 李朝奎，杨文俊，等. 创建特色学校的意义和策略[J]. 甘肃教育，2015（2）.

[5] 刘贤全. 特色学校创建的认识与实践[J]. 中小学校长，2015（4）.

发展心理健康教育，关爱留守儿童

——以四川省丹棱县为例

四川省丹棱中学　黄伯军

【摘　要】当代社会，留守儿童问题越来越严重。如何有效地处理好留守儿童问题，有序、高效地推动社会的全面发展，是教育工作者和社会各界人士值得深思的问题。

【关键词】留守儿童　心理健康教育　关爱　管理

丹棱县是四川省中部地区眉山市所辖的一个县，地处成都平原西南边缘，全县面积 449 平方千米，人口 16.5 万。但就是这样一个小县，目前留守儿童数量却超过了 6 500 人。根据调查，父母外出打工或父母离异是导致孩子们成为留守儿童的主要原因，全县有 59.2%的留守儿童是父母一方外出，40.8%的留守儿童是父母同时外出，留守儿童中的 38.7%由爷爷、奶奶或外公、外婆抚养，11%被托付给亲戚、朋友抚养，更有 6.3%为不确定或无人监护。

一、留守儿童产生的社会问题

（一）心理问题

心理问题是农村留守儿童最值得关注的问题。长期的单亲监护或隔代监护，甚至是他人监护、无人监护，使留守儿童无法像其他孩子那样得到父母的关爱，家长也不能随时了解、把握孩子的心理、思想变化。这种亲情的缺失使孩子变得孤僻、抑郁，甚至有一种被遗弃的感觉，严重地影响到了孩子心理的健康发展。这些心理方面的问题，直接影响到孩子的行为，使他们不论是在家里，还是在学校、社会都经常出现一些与其他孩子不一样的行为，这些行为常常超越道德、法律底线。

全国农村留守儿童约 5 800 万人，其中 14 周岁以下的农村留守儿童约4000 万人。由于长期远离父母，逾四成以上留守儿童感到孤单，三成以上留守儿童出现心理卫生问题。在日常生活和学习过程中就会表现出以下一些症状：

（1）留守儿童容易出现违纪、叛逆等情形。在农村学校违纪学生中，留守儿童占绝大多数，低年级及学前儿童一般表现为逃学、迟到；不完成作业；小偷小摸；不诚实，经常说谎。高年级留守儿童开始出现叛逆心理，攻击意识很强，与老师顶撞，不服从管教，更有甚者还盲目冲动、打架斗殴。

（2）留守儿童普遍厌学，自卑心理十分严重。大多数留守儿童的行为习惯较差，对学习没有兴趣，不愿参加活动，自卑心理严重，生活无聊而空虚。小学低年级留守儿童胆小怕事、不敢在课堂上回答问题的占 75% 以上；一些高年级留守儿童，由于对学习失去信心，开始沉迷于网络游戏。

（3）留守儿童缺乏沟通，性格内向孤僻。由于缺乏父母亲情的滋润，许多留守孩子长期处于自我封闭的状态，“代管监护人”的沟通缺位使他们长期看电视，并模仿剧中人，自言自语或与小狗小猫说话。长期的自我封闭，导致一些留守儿童人际交往敏感，口头交际能力减弱，性格内向孤僻冷淡。

（二）学习问题

由于父母双方或一方不在身边，对留守儿童学习方面的帮助和监督大大减少，甚至完全缺失，使孩子在学习方面处于一种无人过问的状况。学好了，没人夸；学坏了，无人管，渐渐使孩子对学习产生一种无所谓的态度。孩子的精力不放在学习上，自然就要在其他方面加以消耗，于是其行为开始出现偏差，各种超越道德、规则的行为开始在孩子身上出现。加上监护人本身对孩子亲情缺失状况的同情，于是在孩子行为稍有出格的时候也不会加以管束，使孩子在偏离健康发展轨道的方向上越走越远。缺乏管教引发行为失范甚至越轨，在留守儿童身上得到充分的体现。

（三）生活问题

留守儿童的生活问题，特别是父母双方都外出打工的那部分儿童，其生活状况是不容乐观的。留守儿童的父母之所以抛下自己的孩子外出打工，是因为家庭务农的收入无法让自己的家庭过上稳定的生活，否则如果有一点办法，他们都会想方设法与孩子待在一起，所以生活困难是留守儿童家庭的普遍特征。虽然父母外出打工可以挣到一些钱，但其付出与收入依然不成正比，有时因为制度等方面的缺陷，自己挣到的钱还不能及时拿到手，所以他们在家庭生活方面是极其节俭的。父母离开后，留守儿童及其监护人在节俭方面表现得更为突出，表现在饮食方面，吃好是不敢奢求的，能吃饱就行了。儿童时期正是长身体的时期，合理的饮食结构和营养搭配对孩子的成长来说是十分重要的。处在这一年龄段的城市儿童，是备受父母及亲友呵护的，而大多农村留守儿童只能在极度节俭的状态下过着维持温饱的生活。在一些农村地区，家里有小孩生病的时候，往往没有能力和条件去医院救治，只能采取一些简单的、传统的方法治疗，或者干脆硬"扛"。

（四）社会关爱不足

家庭温暖的缺失使留守儿童心理方面产生了很大的变异，多在性格方面表现出不同程度的抑郁和孤僻，很难融入正常的同龄人群体。目前，农村的社会活动和人际关系基本上是以家庭和亲缘关系为纽带展开的，对于自己家庭及亲缘关系之外的其他人的困难处境，他们虽有同情的态度，却也无可奈何。于是留守儿童们在既得不到家庭温暖，也得不到社会关爱的情况下，只能靠自己对生活及社会的理解生活并发展自己，于是道德滑坡、学习偏差、心理缺失等现象在他们身上不可避免地出现。

二、留守儿童问题产生的主要原因

一是监护不力，九年义务教育难以保证。我县 40%以上的留守儿童是由祖父母隔代监护和亲友临时监护，年事已高、文化素质较低的祖辈监护人基本没有能力辅导和监督孩子学习。农村学校受办学条件、师资力量、教学理念的局限与制约，针对留守儿童的需求提供特殊有效的教育和关爱力不从心，学校与家庭之间缺乏沟通。家庭和学校监护不力，导致相当数量的留守儿童产生厌学、逃学、辍学现象。留守儿童学习成绩及初中教育的在学率都低于正常家庭儿童。

二是缺乏抚慰，身心健康令人担忧。据西部某劳务输出大省在一县域内的调查显示：70%的父母年均回家不足 3 次，有的甚至几年才回家 1 次；近 30%的留守儿童与父母通话、通信频率月均不足 1 次。由于父母长期外出，留守儿童的情感需求得不到满足，遇到心理问题得不到正常疏导，极大地影响了其身心健康，形成人格扭曲的隐患，导致一部分儿童行为习惯较差，并且极易产生心理失衡、道德失范、行为失控甚至犯罪倾向。南方沿海某省一项调查显示，19.6%的留守儿童觉得自己不如人，11.4%的留守儿童觉得自己受歧视，9.5%的留守儿童有过被遗弃的感觉。北方某省的一项调查显示，在青少年犯罪中留守儿童所占比例已高达20%。

三是疏于照顾，人身安全被忽视。监护责任不落实，监护人缺乏防范意识；儿童防护能力弱，农村留守儿童容易受到意外伤害，甚至成为不法分子侵害的对象；女孩受到性侵害又不能及时得到父母帮助，极易酿成严重后果。公安部门统计数据显示，被拐卖儿童群体中，第一位是流动儿童，第二位是留守儿童。

三、留守儿童问题的人群途径

（一）要求家长努力承担起教子之责

多数农民文化程度不高，他们误以为教育孩子是学校的事，家长只要给钱给物当好“后勤部长”就可以了，至于读书是学校和老师及儿童自己的事情，家长是没有什么责任的，他们一般认为儿童学习成绩的好坏是由儿童个人的素质决定的。家长应该改变这些不正确的思想，树立“子不教，父之过”的教育责任观，明确教育子女是自己的应尽之责，家长自身文化水平的高低并不影响对子女的教育。即使在外地务工，也要把教育孩子的那份责任承担起来，与学校、社会形成合力，把教育孩子的工作做好。应主动与子女的任课老师、班主任联系，加强沟通。向老师说明自己的情况，了解子女的发展变化，共同商讨教育孩子的策略和方法，这样才不至于使留守儿童的家庭教育方面出现盲区。家长还应加强与“监护人”的联系及亲子间的沟通。及时掌握孩子的学业、品行及身体健康状况，并通过各种方式对孩子的学习和生活进行指导，要求“监护人”一定要保证孩子充分的学习时间，一定要嘱咐其对孩子严格要求，加强生活和学业的监护。

除此之外，父母应采取多种方式，注意与孩子的沟通交流。沟通的时间间隔越短越好，保证熟悉孩子的生活、教育情况以及孩子的心理变化；沟通内容力求全面、细致，沟通中父母要明示他们对孩子的爱与厚望，希望孩子能理解他们的家境与现状，通过沟通以了解孩子的生活、学习、情感变化；

沟通方式可以多样化，除电话外，可采用书信等方式进行交流。每一个孩子都是一块无瑕的“翡翠”，只要心里装有父母和亲人的爱，他们就有积极向上的原动力，就会学得更棒，做得更好。

(二) 加强管理，施以爱心

把留守儿童的教育作为专项工作，常抓不懈。各村都应建立起留守儿童个人档案。档案资料的内容应包括留守儿童姓名、年龄、道德品质、行为习惯、兴趣爱好、智力水平、性格特征、学习动机和态度、学习能力和方法，与临时监护人的融洽程度，与打工父母的沟通情况等；临时监护人的基本情况，包括姓名、年龄、文化程度、性格特征，重点是监护人如何对孩子进行管教等；留守儿童父母的基本情况，包括姓名、年龄、文化程度、工作单位及工种、经济收入情况、对子女的希望要求、与子女联系沟通情况等。

针对留守儿童的特点和需要，让亲子间保持电话联系，根据孩子的校内外表现，让孩子与父母取得联系，每月定期通电话，让家长对孩子进行“电话教育”。爱是教育的基石，教育应把爱放在中心位置。与村上的留守儿童交朋友，时刻关心、爱护、照顾他们。在安全上，时刻提醒；在生活上，尽可能提供帮助；在心理上，细心观察，多方沟通；在学习上，耐心辅导。

(三) 宏观上，政府应建立健全相关政策法规，保护和关爱留守儿童

留守儿童问题是伴随工业化、城镇化进程和劳动力转移产生，并将长时期存在的社会问题，解决好这个问题，关系到未来人口素质和劳动力的培育，关系到农村经济和社会的协调发展，也关系到社会稳定和可持续发展。这个问题，必须从法律、制度层面整体地加以考虑和解决。

第一，各地政府和教育部门应根据本地实际情况，合理调整学校布局，加大寄宿制中心学校建设，让留守儿童尽量住在学校。

第二，建立多种形式的留守儿童保护网络，如建立以父母、亲属为主体的家庭监护网络，以基层组织为主体的管理网络，以学校老师为主体的学校帮护网络等，对留守儿童给予对口的帮助。

第三，调整人口管理制度，逐步取消户籍差别，并将解决留守儿童问题与城市民工子女入学问题有机地结合起来，实行农民工“市民待遇”，从根本

上解决留守儿童问题。

第四，各级政府特别是教育部门应该给予一定的扶持和帮助，政府应合理分担留守儿童的教育成本，取消借读费和择校费，使留守儿童能随迁至父母打工地就读。

总之，一个孩子的身心、人格、思想的健康发展离不了家长、社会的教育，儿童本身是一个弱势群体，他们对自己身边的环境只能无条件适应，希望我们在改善社会经济环境的同时注意创造和谐的社会生活环境！

参考文献

[1] 符平. 转型期留守儿童问题研究[M]. 上海：上海三联书店，2013.
[2] 朱卫红. 留守儿童心理发展研究[M]. 昆明：云南大学出版社，2010.
[3] 范方. 留守儿童家庭教育策略[M]. 长沙：中南大学出版社，2008.

我理想中的教育

甘孜州九龙中学　刘　智

【摘　要】我们从从古至今的教育发展来分析，透视整个现代化教育发展的特点，我们会发现所有的教育方式都源于教育目的设定；从教育目的上看，我们又会发现教育的两个主体就是教职工与学生。只有使他们在工作与学习中都获得幸福的体验，才有可能使教育成为幸福的、理想的教育。

【关键词】现代教育特点　教育目的　教育主体

教育是什么?

我想，这个问题，从两千多年前的孔子到近代的陶行知，没有人能做出一个全面具体的阐释，可以说，人类的历史有多长，那么教育的历史就有多长。

一、教育的特点

从古至今，教育以生产力水平为依据，教育发展历史可分为原始社会的教育、古代社会的教育、现代社会的教育三个阶段，现在我们就针对现代教育来谈谈。现代社会教育特点是:（1）现代学校出现并发展。（2）在整个社会系统中地位提升。教育的功能得到全面理解，教育促进个体发展的功能和促进社会发展的功能同时得到重视。教育功能不断增强，更加显示出整体性和开放性。（3）关注点从过去转向未来。面向未来培养具有和谐品质的新人，以培养全面发展的人作为教育的理想与实践主题。（4）繁荣并规范了各类教育组织。加强学前教育并重视与小学教育的衔接，普通教育与职业教育朝着互相渗透的方向发展，高等教育大众化和类型日益多样化，成人教育受到重视。（5）变革迅速。课程目标、课程内容、课程结构、课程实施、课程评价、课程管理等都在迅速的革新中。（6）全民化。推行普及教育。全体国民都要有接受教育的权利并且必须接受一定程度的教育，通过各种方式满足基本的学习需要。（7）民主化。教育的公共性、普及性和开放性日增，教育公正和教育机会均等成为教育决策和教育行为的基本准则；强化普及义务教育，延长义务教育的年限；学校类型、培训机构类型进一步多样化，以满足学习者多方面的需要；学历教育与非学历教育的界限逐渐淡化。（8）终身化。现代教育不再仅仅局限于学龄阶段，而是将贯穿于人的一生，教育者和受教育者学习终身化，预备式的一次性的学校教育体系向终身教育体系转变。教育者从重在将知识传授给受教育者，转变为重在促进受教育者不断掌握学习方法，以适应终身学习的需要。（9）人性化。教育目的人性化；教育内容、教育方法、教育制度都以人为本；教育者与受教育者表现出互动合作的关系，教育内容、教育组织形式和教育方法均呈现出人性化、多样化、丰富化的特点；教育增加了一些新的内容，如要求受教育者学会关心，善于自我反思；科学精神与人文精神从分离不断走向统一。（10）现代化。教育与生产劳动的联系空前紧密，二者相结合的范围、程度和意义日益扩大，教育的生产性日益突出和加强；科学技术成果在教育中得到越来越广泛和普遍的运用，教育内容、教育方法和教育手段的现代化程度越来越高；教育的复杂程度和理论自觉性不断提高，经验主义、主观主义和官僚主义日益被克服，教育科学理论与教育实践之间的联系更为紧密；教育的技术手段日益更新，教育的时空空前扩展，教育资源不断丰富，教育制度的弹性和开放性不断提高；远程教育，特别是网络教育的兴起和发展带来教育的革命性变化；注重优化教育内外的多种因素和教育过程的各个环节，创造良好的教育氛围。强调教育方法和教育内容的一致性和协调性，以增进教育效果。（11）信息化。教育重视培养和提高学习者的信息素质；强调将信息技术手段有效地运用于教学和科研；注重教育信息资源的开发和利用。（12）国际化。教育制度有利于国际交流，教育的对外交流与合作日益深化，为教育改革和发展创造更好的外部条件和广阔的国际环境。

二、教育的目的

想要有理想的教育，必须紧紧围绕教育目的思考。一般来讲，教育目的是指国家或社会对教育所要造就的人的质量规格所作的总体规定与要求。具体来讲，教育目的是指教育活动所要达到的预期结果，是人们对受教育者达成状态的期望，即人们期望受教育者通过教育在身心诸方面发生什么样的变化，或者产生怎样的结果。

教育目的不同于教育方针。教育方针是国家根据政治、经济的要求，为实现教育目的所规定的有关教育工作的总体要求。它是教育政策的总概括，其内容包括教育指导思想、培养人才的总体规格，以及实现教育目的的基本途径等。由此看来，教育目的与教育方式还是有所不同的：前者着重回答“培养什么样的人”的问题，后者除了回答“培养什么样的人”的问题，还要回答“怎样培养人”的问题。此外，也有学者认为，“教育目的”是理论术语，是学术性概念，属于教育基本理论范畴。“教育方针”是工作术语，是政治性概念，属于教育政策学范畴；教育目的可由社会团体或个体提出，对教育实践不具约束力，教育方针通常是由政府或政党提出，对教育实践具有强制性。

毫无疑问，教育目的是整个教育工作的核心，是教育活动的出发点和归宿，也是确定课程与教学目标、选择教育内容与方法、评价教育效果的根本根据。

三、理想教育的本质

（一）理想教育是“教师乐教”“学生乐学”的教育

子曰：“学而时习之，不亦说乎？”可见学习本身是一件轻松快乐的事情。我不知道为什么现实的教育把学习搞得那么枯燥乏味，那么苦不堪言！学习的快乐首先源于知识本身。可以说任何一门知识都有着无穷趣味，不管是自然科学还是社会科学，知识本身的趣味足以使学生孜孜以求，乐此不疲。其次，获取知识的过程也是非常值得高兴的。一个人由无知到有知，由知之不多到知之甚多，在得到知识的同时，收获的还有无尽的快乐。其实我们每个人都曾享受过这种快乐。至少在幼儿园时期是这样，每天都学到一点新奇的知识，回家就高高兴兴地对爸爸妈妈讲。可惜后来这份快乐渐渐变成了厌倦和苦恼！这实在不是孩子的过错啊！学习最高层次的快乐来自思考和创造。陶渊明“好读书不求甚解，每有会意，便欣然忘食”，这种“会意”源于他的思考，这种对文章意旨的理解与把握使他高兴地忘记了吃饭。有什么快乐能比得上这种快乐呢？颜回跟随孔子求学，正因为他喜欢思考，善于思考，才对孔子的学说“仰之弥高，钻之弥坚”“闻一以知十”，以致于“欲罢不能”。

如何让学生都能享受到学习的快乐，是我们的教育应该重点研究的课题。

教师教学其实也是很快乐、很幸福的事情。教学的快乐首先源于学生学习的快乐。学生的天真幼稚，学生的热情奔放，学生的思维敏捷，学生的质疑发现，学生的每一点进步，学生的每一分提高，都是教师快乐的源泉。教学的快乐还源于教师的创造。教学的过程也应该是知识的再创造过程。教师在享受传授知识快乐的同时，还享受到学习的快乐，这就是所谓的“教学相长”。作为一个教师，绝不能只抱着几本教科书，照本宣科地去做重复性的劳动，而要不断探索，不懈追求，领悟本科学问的奥秘和根本。如此授课之时才能深入浅出，才能让学生学得既轻松又愉快。教师乐教，学生乐学，教与学相得益彰，融洽和谐，那是多么理想的一个境界啊！

（二）理想教育是使师生幸福的教育

理想中的教育应该是让学校范围内的主体都是幸福快乐的，所以包括所有的教职员工和学生都应该是这样的。教师的幸福在哪里？也许从经济的角度来看，教师在社会上的实质地位并不是很高，但是作为教师的我们活得是一种心态，一种积极向上、无上光荣的心态。永远和青少年们待在一起，无论年龄怎样变化，心永远那么年轻，这是多么大的财富呀！

阅读过苏霍姆林斯基的书，我懂得了作为教育管理者需要把每一位教师当作一本书仔细去品读，去走进他们的精神世界，让自己和他（她）们建立起有效的沟通，让自己的心灵找到应有的归宿，找到不同的幸福源，并从中得到一种快乐。

苏霍姆林斯基说过：“如果你想让教师的劳动能够给教师带来乐趣，使天天上课不至于变成一种单调乏味的义务，那你就应该引导每一位教师走上从事研究这条幸福的道路上来。”教师的工作周而复始，几乎可以用“三点成一线”或是“两点成一线”来形容。其实，人的幸福来源于他的创造，来源于对自我努力的一种价值肯定。如果我们不能摆脱专业“习惯”和“惰性”，看不到自己从事工作的挑战性和创新性，那么，教师就不会发现教师这一职业的魅力所在，就会走进职业倦怠的旋涡，而不能自拔。教育管理者要学会在工作中把“问题”当作“财富”，在不断解决新问题、新困惑中生成新思路，找到解决问题的有效策略，与同行交流改进，在分享中体验着成功的快乐，体验着创造的幸福感。

怎样使学生幸福快乐呢？要做一名幸福快乐的好学生，我认为学生必须从改正学习上的坏习惯开始，培养出好习惯，做到主动学习，明确学习目的，学会灵活运用所学知识，养成有始有终的好习惯才行。

学生学习的过程是，从理解到记忆到应用，首先要预习，预先把要学习的内容自学一下；再上课，上课的时候要听懂学懂；最后，回到家进行复习，消化归纳记忆；做到强化理解，要反复思考。在快乐的学习环境下快乐地学习。这是一个学懂、记住、会应用、针对性强化、自我检测的过程。

学生还得协调好同学之间的关系，保持正常的人际交往，营造身边和谐的氛围，可以让自己的学习环境不受到影响，交几个要好的朋友，平时课余时间多积极参加活动，保持自己的身心健康，还可逐步培养愉悦自己身心的一种爱好，为自己未来美好生活作准备。记得假期时回到家孝敬父母，理解父母，要知道他们都不容易。

如今是信息技术的时代，学生的学习方式有所改变，学生尤其是中学生必须具备四大能力：第一，要有信息能力，课余通过上网查找资料，丰富自己的课外知识；第二，学习能力，做到自主学习，不要家长管，树立自信心；第三，创新能力，信息时代的基本要求就是创新能力；第四，沟通能力，学会有效语言的表达。

（三）理想教育是校园环境优美的教育

树立精品校园理念。我认为，精品校园建设不仅仅是一种环境，更是一种行动，一种思想，一种价值取向，如何创造一个芳草鲜美、风光旖旎、赏心悦目、窗明几净的校园环境，如何创生一个教师勤教、学生乐学、情趣高雅、和谐文明的教育氛围，如何营造一个尊重、信任、理解、宽容、欣赏、激励、支持、诚信的具有亲和力的人文空间，使身处其中的每一位师生员工既感受到工作、学习的快乐和生活的幸福，又具有共同的价值取向和行为方式，这些都是创建精品校园的重要内容，也是建设精品校园学校的真正内涵。

学校应该成为学生人生航标修订的试飞场，让我们的学生在人生的起步阶段就埋下最为坚定的信念。在他们的心灵中播种最为美丽、最值得期待的梦想。因此，学校的每一次规划都应立足自己的实际，以能满足学生的实际为根本，为孩子们营造出一个向善、勤恳、务实、进取的奋斗场所，并让其成为学生们感受到师爱的理想乐园，一个可以畅谈理想、抒发激情的家园。

参考文献

[1] 刘亚男. 论当下教育本质观的“是”与“应该”[J]. 知识经济，2015（24）：102-103.

[2] 周敏. 教育目的是谁的目的[J]. 教育观察：上半月，2015（7）：4-5.

[3] 竟明亮. 教育本质问题新解[J]. 现代教育科学，2015（2）.

[4] 武秀霞. 幸福 · 分享 · 教育——幸福与教育的内在关联及其实践关涉[J]. 现代大学教育，2012（4）：12-17.

[5] 崔孝丽. 让学生享受幸福教育，让教师体验教育幸福[J]. 科教导刊：上旬刊，2011（2）.

校园文化建设窥见

四川省泸定中学　林定金

【摘　要】文化是一种符号，对人的发展有着重要的作用。校园文化建设是学校健康发展的重要保障。本文从学校文化与校园文化的内涵出发，阐述校园文化的重大意义，提出校园文化建设主要存在的问题与建设应该遵循的重要原则以及策略。

【关键词】校园文化建设　原则　策略

文化是一种个性，是学校建设、管理、发展的独特品格和风姿。它表现于学校外在的物质形式，比如建筑物的风格、花草树木的布置等；也表现于学校教育教学行为特征及教育对象的行为当中。文化是一种品味，体现发展的高度和深度，体现一种魅力和魔力，给人一种依赖和信任。文化是一种定式。文化的产生是一个漫长的过程，它依靠人们有意无意的积累和沉淀。优秀的学校文化产生的渗透力和影响力比任何行政指令更有效，负面的学校文化会给学校的管理和发展带来不可预知的困难。文化是一种品牌。学校要成为名校有多种实现路径，但是最厉害的名校，其名气应该是源自该校独树一帜的文化。

一、学校文化与校园文化的内涵

（一）学校文化的内涵

"学校文化"是一个有着特定内涵同时又比较抽象的概念，这种抽象往往是形之于物质层面的，可以让你真切地感受到，甚至表达出来的。美国高等法院一个叫华伦的高级法官在回答"什么是'黄'（黄色读物之类的东西）"时说的一段话："尽管我不能准确地说出'黄'究竟是什么，但只要它来到我的面前，我会准确地判定它就是。”美国著名企业家鲍尔说：“我的企业文化就是在我这个企业做事的方式。”套用这一表述来描述学校文化，学校文化就是我们大家在学校的工作、学习、生活方式。

什么是“学校文化”？第一，普遍认同的说法是：学校文化是指一所学校在长期的教育实践过程中积淀、演化和创造出来的，并为其成员所认识和遵循的价值观念体系、行为规范准则和物化环境风貌的一种整合和结晶。其本质意义在于影响和制约学校内人的发展，其最高价值在于促进学校内人的发展。第二，狭义定义类。“校园文化”说：学校文化就是学校校园环境中存在的一切文化现象；“校风”说：学校文化是学校的各种规范、行为和风尚；“文化艺术活动”说：学校文化指在学校中开展的各种如歌咏、舞蹈、体育比赛等文艺活动；“教风”说：学校文化反映的是学校教师的教学水平；“学风”说：学校文化反映的是一个学校的学习风气和氛围等。

由此可见，学校文化由精神文化、制度文化和物质文化构成。精神文化包括办学的指导思想、教育观、道德观、思维方式、校风、行为习惯。精神文化是学校文化的内核和灵魂，是学校组织发展的精神动力。制度文化是一种确立组织机构、明确成员角色与职责、规范成员行为的文化。制度文化是育人职能的制度保证。物质文化是学校文化的空间位置形态，是学校精神文化的物质载体，物质文化包括环境文化和设施文化。物质文化是学校教育教学及其管理活动的物质基础。

（二）校园文化的内涵

校园文化是学校教育不可缺少的重要组成部分，是学校所具有的特定的精神环境和文化氛围，它体现了一所学校的校风。健康和谐的校园文化能给师生创造一个有形而庄重的心理“磁场”，能在无形中统摄全体师生的灵魂，起到“润物细无声”的教育魅力。校园文化是全面育人的辐射源，是素质教育的能量库。

校园文化是指学校具有的特定精神环境和文化氛围，是由教育者和受教育者双主体以校园为空间背景，围绕教学活动和校园生活而创造并共享的，以文化冲突与统整为表征的亚文化系统。它体现为显性课程和隐性课程两方面，显性课程指学校规定学生必须掌握的知识、技能、思想观点、行为规范等；隐性课程包括校园建筑、文化设施和环境布置等有形环境和校风、教风、学风、人际关系、文化生活、集体舆论、心理气氛以及校园群体观点、信念等无形环境。校园精神和校园价值观是校园文化的深层结构和核心内容，对于整个校园的生存和发展都具有重大作用，是校园建设的无形资产，是学校可持续发展的重要因素之一。

作为一种潜在的以隐性课程为主的校园文化，在对学生的思想品德教育和良好行为习惯的养成教育中，具有情境性、渗透性、持久性、暗示性和愉悦性等特点。校园文化正是以它形象直观的表达形式，把思想教育寓于各种具体可感的情境之中。校园文化的教育功能正是通过学校健康向上的精神因素以及优美的物质环境所施加给学生的积极影响和感染、熏陶而实现的。

二、校园文化建设的意义

（一）加强校园文化建设是社会主义精神文明的需要

校园文化是学校社会主义精神文明的重要组成部分和重要载体。学校不仅是培养社会主义事业建设者和接班人的重要阵地，还是传播社会主义精神文明和社会主义文化的重要阵地。建设高格调、高质量的校园文化，对学校坚持社会主义办学方向，继承和发扬中华民族优秀的文化传统，吸收世界文明成果，培育高素质人才，都具有十分重要的意义。

（二）加强校园文化建设是素质教育的需要

素质教育的内涵就是全面贯彻党的教育方针，以提高国民素质为宗旨，以培养学生的创新精神和实践能力为重点，造就有理想、有道德、有文化、有纪律的德智体美全面发展的社会主义事业的建设者和接班人。加强校园自然环境的规划与布局，建设有利于师生身心健康发展的校园文化，是学校教育的一项基础建设，是全面贯彻教育方针、深入实施素质教育的现实需要。

（三）加强校园文化建设是新课程改革的需要

校园文化作为一种潜在的课程，通常包括渗透在课程、教材、教学活动、班级气氛、人际关系、校园文化和家庭、社会环境中的文化价值、态度、习惯、礼仪、信仰、偏见和禁忌等，它对学校的广大师生起着潜移默化的影响作用。加强以校园文化为主题的校本课程开发，可以充分挖掘学校潜在的教育因素，促进教师专业成长和学校特色形成，更加有利于张扬学生独特的个性。

三、校园文化建设面临的主要问题

当前，从学生人文素质的现状、学校常规管理的水平来看，校园文化建设工作仍然存在薄弱环节，大部分教师和个别学校领导对校园文化建设的认识还只是停留在肤浅的层面上。主要表现为：

（1）校园文化建设缺乏组织领导，缺乏整体设计和综合管理，普遍处于松散无序状态。学校领导对校园文化建设的重要意义认识不足，不能自觉地建设和正确引导校园文化。

（2）学校对社会文化缺乏积极有效的反馈、筛选和导向、疏导，学校中“读书无用论”、讲享受、搞攀比、出入电子娱乐场所等非理性文化倾向依然存在。

（3）学校中占主要地位的是学生自发形成的通俗文化、浅层次文化，如校园童谣、流行歌曲，与学校教育对学生的要求和校园的主导文化有较大的距离，需要正确引导，促进其层次的提高。

（4）学校组织的体育活动、艺术节等，活动的形式过于单调，不注重普及性，对学生缺乏应有的吸引力和凝聚力。

（5）师生在校园文化建设中的积极性和潜能未充分地发挥出来，需要进一步开发。

（6）教师文化素质不能适应校园文化建设的要求，特别是文化导向上的要求，教师队伍自身的问题亟须解决，如讲进取、讲奉献的风气淡薄了，无心施教的现象逐渐变得严重。

（7）校园建筑、环境布置缺乏文化风格，有些学校校舍墙体脱落、校舍校貌陈旧零乱，绿化美化缺乏文化品位，发挥不了物质文化的教育功能。

四、校园文化建设的原则

（一）教育性原则

“百行以德为首”，人无德不立，国无德不兴。道德建设的好坏，体现着一个国家民众的精神状态，影响着一个民族事业的兴亡盛衰。学校是教育人、培养人的场所，校园文化作为学校教育的一部分，首先必须突出教育性特点，时时、处处把握教育性原则，只有这样，才能充分发挥校园文化潜在的导向功能。

（二）科学性原则

校园文化建设是学校的一项整体工程，它涉及面广，需要调动方方面面的力量，学校应精心统筹，科学规划，合理安排，避免出现各行其是、相互掣肘的局面。

（三）艺术性原则

在校园文化建设中，要有艺术眼光，要让学生通过学校的设施、氛围等，处处受到艺术的感染，得到美的享受。校园环境的绿化、美化，应努力做到四季各有特点，阳春葱茏滴翠，盛夏浓荫覆地，凉秋红枫似火，寒冬松柏常青。校园建筑的设计、景点的安排，努力做到外形、色彩和谐统一，给人以赏心悦目的感觉。学校文化活动的安排也要融教育性、科学性和艺术性于一体，努力使活动开展得新颖、活泼有趣，使校园文化对青少年学生产生强烈的感染力和吸引力，促使他们主动、热情、积极地参与其中，从而使他们的思想情操自然而然地得到陶冶，心灵在无形之中得到净化。

（四）人本性原则

学校领导要引导师生员工正确认识学校所倡导的工作目标和价值标准，让他们主动成为校园文化的创造者和实践者。

（五）长期性原则

学校文化是一个学校在长期经营中形成的，其建设是一个漫长而反复的过程。

（六）整体性原则

校园文化建设要符合党和国家的教育方针，围绕学校中心工作，密切联系社会实际，体现时代精神。

（七）特色性原则

创新校园文化建设的途径和方法，丰富校园文化的内容和形式，力求“人无我有，人有我新”。

五、泸定中学校园文化建设策略

（一）加强物质文化建设，美化校园环境

物质文化是一种直观性的文化，它直接表现出师生所处的文化氛围，有较强的直观性，如校园布局、建筑装饰、教学设施、环境卫生等。物质文化的建设及管理直接反映出学校的办学水平。因此，校园文化建设应从以创建优美校园为主要内容的物质文化入手。

1. 科学规划学校布局

科学规划，精心实施。做到功能分区明显，各建筑物相对独立又相互照应，造型、色调符合学生年龄特征。设备设施齐全，功能突出。楼堂馆所的命名与学校的办学目标追求相匹配。

2. 充分发掘环境文化

校园文化建设的终极目标就是创设一种氛围，以陶冶学生情操，构建学生健康人格，全面提高学生素质。学校无闲处，处处熏陶人。恰如陶行知先生所言“一草一木皆关情”。环境不仅是学生生活的空间，也是培养学生文明素质的载体。发掘校园的环境潜力，形成浓厚的立体环境文化，使一草一木、一墙一板都能说话。

（1）校园环境氛围打造。

泸定中学将泸定桥文化、学校的发展历程、国学精粹和办学目标有机结合，形成了独树一帜的“仁、智、勇”三德文化。在校园中修建了明德门、宣德墙、三德广场、行德大道等人文景观。各幢楼均用国学经典命名（景行楼、弘毅楼、博闻楼、行知楼、瑾瑜楼、静姝园）。将学校的办学理念、办学目标、校训用LED电子显示屏流动播放。每个教研组每月一期学习专刊，每个处室每期一个宣传专版，让师生在学习知识、分享成果中始终牢记学校使

命，修德修能，勇攀高峰。

（2）楼道环境。

泸定中学悬挂了《论语》中的经典名句，古典诗词，学生在国家级、省州级获得奖励的美术作品。让学生在耳濡目染中受到启迪，在享受美术作品的同时找寻成功的喜悦。

（3）班级文化。

每个班门口悬挂印有校徽、校训的班级信息公示牌。上面有班级的全部信息，班主任寄语、班级格言、目标等。教室内张贴各种名言警句、班级公约、奋斗目标、班级之星、读书角等。每月有活动主题的黑板报和学生的“成长足迹”。班上的清洁工具由学校统一配制，统一摆放。

（4）温馨提示。

温馨提示是促进学生品德形成的又一途径，它能起到潜移默化的作用。如草坪上竖有“建文明校，做文明人”“手下留情花自香，脚下留青草如茵”“珍惜一份绿，留于千人赏”“学校是我家，洁净靠大家”等标语；厕所中有“贴近方便，贴近文明”“不能随处小便，不能小处随便”等标语。

（5）宿舍环境布置。

学校制定“四统一”“四干净”的具体要求，各寝室学生依照相关管理规范进行个性化、特色化布置。

（6）办公室文化。

根据办公室工作职能，确立相应的室内标语并张贴相关的规章制度，便于工作，引起重视。

（7）食堂文化。

学生的文明礼仪、卫生安全、饮食健康、勤俭美德都是在食堂形成的，所以，食堂是学生体验校园文化的重要窗口。我们在食堂张贴了食品安全各种规章制度、应急预案，介绍各种菜品、食品安全知识。悬挂勤俭节约、珍惜粮食、文明就餐等警示语，让学生在享受美食的同时受到熏陶。

（二）加强制度文化建设，强化管理机制

制度是校园文化建设初级阶段的产物，是为了达到无意境界而采取的一种有意识手段，是为了保障学校教育的有章、有序和有效。目的是先用制度来强化，而后用情境来内化。

学校制定各种制度应遵循教育规律、教育方针和教育法规，突出价值观念、素质要求、态度作风，强调人的理想信念、奋斗方向、做人准则，把精神要求与具体规定有机地结合起来，发扬民主，经过师生充分酝酿和讨论，最后才以条文的形式定下来。

学校的规章制度要体现三个特点：一是全：规章制度应该是全方位的，做到事事有章可循。二是细：内容具体明确，操作性强。三是严：纪律严明，赏罚分明。

（三）加强精神文化建设，提高办学品位

精神文化是校园文化的核心和灵魂，也是最高追求。良好的校园精神文化，有利于形成浓厚的教育、学习氛围，是教育的向导和有益的补充。通过精神环境和文化氛围使校园内的每个人在潜移默化之中，在思想观念、价值取向等各个方面与现存社会文化趋同，实现对人的精神、心灵、性格的塑造。

1. 建校园广播站，把握正确的舆论导向

通过学校集会、周一的值周总结、国旗下演讲、每天半小时的精神文明广播站播音等活动，加强法律规章、道德规范、爱国感恩守法、文明礼仪等教育，表彰好人好事，批评不良行为，播放学生喜爱的歌曲，诵读经典国粹等，提高学生的思想认识水平及明辨是非的能力，树立正确的世界观、人生观、价值观，养成良好的道德行为习惯。

2. 创办校报校刊

学校成立了拾梦文学社，出版校内学生交流的刊物《文青报》，校团委和关工委联办《泸中之声》，弘扬仁智勇，凝聚正能量，彰显才情美。

3. 开展各种活动，丰富校园生活

学校积极开展各种活动，如每月的主题班会，春、冬季运动会，“三好杯”足球赛，“金秋杯”篮球赛，文艺汇演，诗歌朗诵，经典古诗文诵读大赛，各种征文大赛，歌手大赛，技能大赛，艺术节，模拟法庭，校园综合实践，外出参观，校外社会实践等。

4. 快乐大课间活动

选用节奏明快、富有激情的音乐，指导学生跳专门为其编排的“舞蹈”，然后再让其跑上两圈，既锻炼了身体，又陶冶了情操，身心愉悦。

5. 修炼礼仪文化，建立和谐人际关系

人际关系是一种高级形式的校园文化。良好的人际关系不仅可以使学生全身心地投入学习，促进学生奋发向上，健康成长，还可以使学生受到浓烈的感情熏陶，产生归属感和自我约束力。

人际关系被称为人世间最复杂的关系，学校也不例外。从横向看，有领导集体的人际关系，教师集体的人际关系和学生集体的人际关系；从纵向看，有领导和教师、教师和学生之间的人际关系。领导集体的人际关系直接影响教师间的人际关系，教师间的人际关系间接地影响学生的健康成长。因此，我校提出了加强师生礼仪教育，构建和谐人际关系，塑造仪表庄重、语言文明、行为高尚、气质高雅的泸中人的目标。强调同学间的人际关系应遵循守纪、理解、团结、互助的基本原则，克服嫉妒、自卑、自傲、自私的不良心理，鼓励学生充满自信、公平竞争、帮人所需、大度为怀。提倡同学间学习上互帮互学，共同进步；生活上一人有难，八方相助；纪律上互相督促，互相提醒；思想上互相交流，互相提高。同时要重视学生的心理疏导，帮助他们解除烦恼健康地成长。

6. 警校共育，家校联动

聘请法律顾问和法制辅导员定期开展法制讲座，定期清缴违禁物品，举办模拟法庭、法律安全等知识竞赛，形成警校共育格局。成立家长委员会，举办家长学校，通过对家长家庭教育的指导与沟通，提高家长家庭教育的水平和家庭的文明和谐，提升家庭教育效能，构建社会、家庭、学校三位一体的德育网络。

7. 加强师德师风建设，提升育人效能

教师是立校之本，而师德师风则是教育之魂。著名教育家斯霞曾说过：“要使学生的品德高尚，教师首先应该是一个品德高尚的人。”苏联教育家乌申斯

基也说过："在教育中，一切都应以教育者的人格为基础……只有人格才能影响人格的发展和形成。"因此，我校建立了师德师风由家长评、学生评、教职工自评、年级组（工会小组）互评、学校职能部门综合考评的机制。严明纪律，严格考核，兑现考核承诺，以良好的师德师风和教风促进优良的学风和校风。

8. 加强校训教育，内化校园文化成果

校训是一种精神、一种追求、一种理念，一种无形的管理制度，一种内在的管理文化。我校制定了"明德于心，智勇于行"的校训，并将其醒目地表糊在颂德厅的墙上，与"八荣八耻"相对应，时刻警醒师生不要忘记"构建三德校园文化，勇攀巴蜀名校高峰"的目标，严于律己，忠诚奉献，锐意进取。

总之，校园文化活动是校园文化载体的重要组成部分。学生是校园文化的聚焦点，教师是校园文化的核心。根据不同年龄段学生的认识结构、兴趣特点、能力水平和生理心理特性，设计和采取内容丰富、形式多样的活动，寓教育于丰富多彩的文化活动中，让学生在活动中求真、求知、求乐，使他们在参与中自我教育、自我管理、自我发展。多彩的校园文化活动，培养了学生的兴趣，开拓了学生的视野，增长了学生的才干。校园文化是学校教育的一个重要组成部分，是素质教育的重要载体。加强校园文化建设的过程，是循序渐进的过程，需要持之以恒。校园文化对学生的影响不是立竿见影的，而是稳定渐进的。我坚信，优良的校园文化必然会让学生受益，真正享受到校园文化建设的成果，获得全面健康的发展。

参考文献

[1] 赵君宁. 浅析农村中小学校园文化建设[J]. 求知导刊，2015（9）：104.
[2] 洪樱. 民族地区中小学校园文化环境建设探析[J]. 教学与管理，2014（30）：59-61.
[3] 霍红杰. 浅谈中小学校园文化建设中应注意的问题[J]. 才智，2013（15）：87-88.
[4] 师云龙. 对农村中小学校园文化建设的几点思考[J]. 基础教育研究，2013（14）：12-13.

[5] 王建军．中小学校园安全文化建设的有效方法[J]．中国现代教育装备，2012（16）：34-36.
[6] 张忠．浅谈农村中小学校园建设中文化因子的缺失与对策[J]．中国农村教育，2011（6）：31-32.
[7] 张辉．浅论中小学校园文化建设方法的研究[J]．学理论，2011（21）：250-251.

厚德博学　固本务实　争做好校长

广元实验中学　张中华

【摘　要】《普通高中校长专业标准》对合格普通高中校长的专业素质提出了基本要求，为其专业化成长提供了政策依据和制度保障。如何成为一名专业的普通高中校长，作者从担当历史使命的专业精神、追求领导效能的专业学识和固守务实创新的专业伦理三方面进行了分析和探讨。

【关键词】普通高中校长　专业精神　学识储备　事业品质

《普通高中校长专业标准》指出："校长是履行学校领导与管理工作职责的专业人员。"这是对自 1912 年起校长作为"政府官员"角色定位的重大转变，是一次历史性的突破，为校长专业化成长提供了政策依据和制度保障。

我国中小学实行校长负责制，校长处于学校的核心地位，肩负重任，影响甚至决定着一所学校的状态和走向。著名教育家陶行知先生曾说："校长是一个学校的灵魂，要评论一个学校，要先评论它的校长。""做一个学校校长，谈何容易！说得小些，他关系千百人的学业前途，说得大些，他关系国家与学术兴衰。"校长的杰出典范苏霍姆林斯基也说过："有怎样的校长，就有怎样的学校。""校长不仅是教师的教师，不仅是学校的主要教育者，而且形象地说，也是一个特殊乐队的指挥。"校长可以成就一所学校，也可以毁坏一所学校。育好一个学生，就可幸福一个家庭，办好一所学校，就会造福一方。作为学校领导者、管理者、教育者的校长必然走在专业化成长的道路上，努力追求专业技能与能力层面的"真"、德与伦理层面的"善"、历史使命与专业精神层面的"美"，提高综合素质和教育管理水平，不断更新教育管理理念，逐步从"经验"走向"科学"、从"长官"走向"专家"，以适应教育改革和发展的需要，切实履行好《普通高中校长专业标准》赋予的专业职责，为"教育家办学"做出最佳诠释。

一、崇高的使命担当和执着的教育情怀是校长应有的精神追求

“教育是民族振兴和社会进步的基石。”“把立德树人作为教育的根本任务，培养德智体美全面发展的社会主义建设者和接班人”。促进每个学生健康成长是教育工作的根本目的，也是校长的办学宗旨，校长要有“为天地立心，为生民立命，为往圣继绝学，为万世开太平”的精神信仰和处世使命。

古人云：“在其位，谋其政；行其权，尽其责。”校长的使命在召唤，践行使命靠担当。有责任感的校长才能全身心地投入到工作中，有担当精神和勇气的校长才能勇挑重担，能挑重担。具体而言，校长的使命就是成就教师、培养学生、发展学校。尚德崇教，成就教师务必尊重教师，激发教师的主人翁精神，依靠教师，倾听教师的需求与心声，鼓励教师实践探索，促进教师专业化发展，打造一流的教师队伍，服务教师，关心教师，营造良好的人文环境，激发教师潜心教书育人的内在动力；滋兰树慧，培养学生务必走进学生心灵，关爱学生成长，帮助他们学会做人、学会学习、学会健康身心、学会合作，让每个学生都享有实现自己青春梦想的权利；木铎传声，发展学校务必远离浮躁，摒弃功利，心无旁骛抓教育，聚精会神谋发展，坚持文化立校，让充盈的文化气息浸润师生的心灵，用有限的校长生涯推进学校的无限发展。

《普通高中校长专业标准》提倡教育家办学，这是时代发展的产物，也是教育本身固有规律的需要。“教育家办学”的要义不仅要求校长辛勤耕耘在教育一线，还要有着“捧着一颗心来，不带半根草去”的激情与敬畏，更要有符合教育规律、体现教育本质、把握教育方向的溯源固本定力。卡莱尔说：“岁月使你的皮肤起皱，但是失去了热忱，就损伤了灵魂。”无论身处何种艰难、面临何种挑战，校长都要保持对教育事业的执着忠诚和对教育使命的满腔热忱。“君子务本，本立而道生。”校长的办学思想和行为必须符合教育规律，体现教育本质，把握正确方向，不能舍本逐末甚至异化教育，不求轰轰烈烈，但求务实有效。

真正的教育家应以美好的教育理想实现为追求，具有超越世俗的教育情怀，始终满含对教育的一往情深。校长要善于将美好的教育理想在全校教职工中广泛宣讲、深入讨论、获得共识，并结合学校的特点和实际，让抽象的信念、刻板的法规条文变成鲜活的教育现实，制定或完善有关制度调动广大教职工的积极性，以完成崇高的教书育人使命。情怀是一个人的精神支柱，

校长要秉持这种信念并长期躬行、示范引领，才能落实“关怀人、爱护人、激励人、成就人”的价值导向，实现发展教师、成长学生的教育宗旨，不至于让一些美好愿景成为贴在墙上的标语、挂在嘴上的口号，而让它切实成为行动的指南。

二、扎实的管理素养和深厚的人文积淀是校长必需的学识储备

《普通高中校长专业标准》规定了校长的专业职责主要是三方面六项目：价值领导——规划学校发展、营造育人文化；教育领导——领导课程教学、引领教师成长；组织领导——优化内部结构、调试外部环境。校长要在学校领导工作中发挥积极作用，就必须具备良好的管理素养和领导力。

（一）厚养学识，凝练思想

一所有品位的学校，重要的是要拥有一个积极向上、视教育为事业的教师团队，拥有一个知识渊博且具有较高人文素养的校长。具有较高人文素养的校长应当具有较高的文化品位、高雅的审美情趣、健康的心理品质、积极的人生态度、高尚的道德修养、独立的反思精神、丰富的精神世界。

校长人文素养主要通过漫长的读书、思考和实践等途径得以形成和拓展。智慧源于知识的厚实，浅薄源于知识的贫乏。合格的校长一定是一个终身学习的校长，苦读浩阅，博览群书，既有所侧重，又兼顾其他，不断丰富知识，拓宽视野，优化结构，潜移默化地培育理性、唤醒“良知”，丰富精神世界，始终将学习作为改进工作的不竭动力。

知识能否内化为自身的素养，有赖于受教育者的思和悟，“学而不思则罔”“行成于思”就是强调只有理性的反思才能将外在知识的影响内化为主体的人文素养，才能使所学的知识变成鲜活的、灵性的精神力量。如在办学实践中怎样实施爱的教育？夏丏尊先生在翻译《爱的教育》时说过这样一段话：“教育之没有情感，没有爱，如同池塘没有水一样。没有水，就不成其为池塘，没有爱就没有教育。”著名教育家陶行知先生说：“教师的成功和快乐，是创造出值得自己崇拜的学生。”爱像空气一样，无处不在，我们的生活中不能缺少它，但又无影无形，往往容易被我们忽略。原人大附中校长刘彭芝经过长期思考、反复论证，把真理的力量和人格的力量完美地结合了起来，提出了

"尊重个性，挖掘潜力，一切为了学生的发展，一切为了祖国的腾飞，一切为了人类的进步"的办学理念，创造出适合每个学生和教师发展的教育，让每一个学生和老师都能在校园里找到展示自己才华的舞台，使得爱与尊重在人大附中的土壤中落地生根。

校长在广泛学习、深入思考的基础上，还要积极主动地实践。好的修养是在实践中锻炼出来的，还需要在实践中坚持下去。只有通过实践才能知道自己的修养达到什么境界，才能发现自己的不足，从而提出新的要求、新的目标，才能更好地完善自己，从而达到更高、更新的境界。校长不能仅仅满足于个人"笃行"，还要影响和带动师生去践行先进理念、铸就高尚品格，担负起学校文化建设的重任，履行好文化传承与创新的神圣职责。

校长职业是一种建立在教师职业基础上的专门职业，其专业化要求很高，在办学实践中，校长要对办学思想、教育理念、管理理念、专业精神等进行反复思考、概括、提炼、升华，不断地提升专业化程度。只有对这个职业建立了深刻的认识，产生了持久的专注，进行了不竭的创新，才能为学校的发展增添无穷的后劲和动力，使学校走向优质和卓越。正如苏霍姆林斯基所说："校长领导学校，首先是教育思想的领导，其次才是行政上的领导。"校长的思想对学校的影响极其宽广和深远，主要体现在办学理念与发展目标、发展规划与战略举措、办学特色与精神积淀等方面。作为一个希望把学校办出水平、办出特色的校长，必须有自己独特的教育思想，能够从战略的高度认清现代教育的本质、特征与意义，探索出适合本校实际的清晰的办学思想、发展战略和办学模式，逐渐形成符合时代精神、凸显学校特色、激励全校师生为之奋斗的核心精神和价值追求。

（二）精准研判，科学决策

明确办学定位、规划学校发展，既是教育内涵发展、特色发展的需要，也是凝聚师生智慧、形成发展合力的需要。要在实践中做到准确定位、合理规划不是易事，必须坚持用好科学与民主两件法宝。学校定位的关键是对内、外部环境进行深入分析，校长要具备敏锐的洞察力和缜密的分析能力，根据学校的实际情况和教育发展要求对学校存在的问题和发展的态势做出科学的预测，要善于综合分析，做到去伪存真、去粗取精，把握主流，分清主次，决策前谨慎，决策后大胆，要讲原则、讲效率、讲方法，要把操作性放在重要的地位来考虑。美国管理学家杜拉克曾说:“决策的第一条原则是,没有反对意见,不能进行决策。”校长决策时一定要多听师生意见,博采众长,群策群力,形成共同愿景,引领学校发展,从而激发师生的积极性和创造性,让共同愿景对师生产生强大的感召力。

(三)课程建设,教学引领

作为一个内涵发展性的校长,日常管理的重心必然放在课程建设和课堂教学的领导上。只有不断更新教育者的教学理念,让教育理念更加符合时代的要求,体现社会进步的需要,不断地增强办学行为的科学化、规范化,才能使学校真正成为培养人才的摇篮,办出让人民满意的学校。

在课程领导中,要重点加强课程的设置与开发、课程的计划与实施、校本教研的推进三个环节,创造性实施新课程,增强教师专业发展的信心,激发教师自主学习的动力,全面提升教育教学的能力。

进得了课堂,讲得出名堂,是校长教育者角色的应然要求。在课改背景下,校长必须深刻理解课堂教学,并能引领课堂教学改革,这是新时代课程改革对我们校长提出的要求。校长要经常深入课堂,开展教学研究,与教师达成研究的共识,通过参与式引领,共同转变观念、改进教学方式,强化教学反思,让教师在实践—反思—实践中成长,让教育科研成为教师专业生命的常态,促进教师自主提升专业水平。

一个内涵发展性的校长必定是拥有大智慧的校长。这种智慧至少涵盖了“智、仁、勇”的内涵,他一定具备将教育质量视为生命线的战略思维能力,一定对教师及其劳动成果充满了敬畏与尊重,一定对教育变革充满了激情与勇气。

(四)公正廉洁,有效沟通

公正廉洁是校长在学校管理工作中应有的重要品格。校长“公”,学校工作的透明度就高,民主气氛就浓;校长“廉”,在教师面前自然就具有很高的威信。只有公正廉洁,校长说出的话才会有人听,做出的决定才会有人执行,校长才能以自身的威信和魅力凝聚全校师生的激情与智慧。不廉则不正,不正则不顺。校长应有“不义而富且贵,于我如浮云”的思想境界,“义利”中要义在先,以义取利,在“得失”间要“舍得”,舍去的是名、利,得到的是教师的尊重、信赖。“正其义不计其利，明其道不计其功。”校长只有做到了清廉，在学校管理中才不会受到制约，才能大刀阔斧地进行教育教学改革。在管理过程中难免会让一些教职工产生情绪，但只要校务公开透明，校长公平待人、公正处事，敢于坚持该坚持的，敢于维护该维护的，敢于批评该批评的，就会令行禁止，高效运转。

在与干部、教师沟通的过程中，校长要运用距离学，讲究领导艺术，建立良好的人际关系，提高凝聚力、亲和力和感召力。一是保持一定距离，始终坚持原则。真诚相待并非无所不应，推心置腹并非无所不议，关心痛痒并非无所不帮，平等相处但要保持距离。二是保持同等距离，情倾全体教职工。不能有亲有疏，有远有近，更不能拉帮结派，培植亲信，要正确发挥情感的价值和效用，调动全体教工的积极性。三是力争“零距离”，激发聪明才智。校长与教职工要在思想上多沟通、情感上多交流，关心教职工的生活和工作情况，始终扎根群众。

学校是社会的一个细胞，它依附于社会的大环境。校长要走出学校，走向社会，广泛宣传学校，具备满腔的教育热忱和高度的责任感，学会和政府沟通，关注社区意见，重视校际交流，坚持家校联系，争取各级领导、群众及社会对学校的了解、理解和支持，营造良好的教育氛围，促进学校良性发展。

三、务实的工作作风和恒久的创新意识是校长珍贵的事业品质

成功缘于实干，祸患始于空谈。教育是一项“静”的事业，需要教育者以务实的精神去静心思考、静心坚守，以朴素的教育规律去强身健体、涤荡灵魂，洗尽铅华，返璞归真。教育又是一项“动”的事业，需要教育者播种和耕耘，而“动静相宜”就需要脚踏实地、埋头苦干，需要学校全体教职员工出实招、办实事、务实效。只有扎扎实实地做好德育、教学、后勤等各项工作，扎扎实实地为师生的成长服务，才是学校持续发展的根本。务实要求校长能全身心地投入学校的发展谋划和日常管理；能深入教师、深入课堂、深入学生，了解真实情况，对事物做出正确的判断与决策；能及时学习党和国家的新政策、新理念，并自觉将其运用到管理工作中，推动学校发展，学习思考是最能体现思维状态、创新意识和工作水平的智慧活动，它决定着能否找到解决问题的思路和对策，能否与时俱进、不断创新，能否不断推动工

作取得新成效。

校长务实，绝不是安于现状、不思进取、故步自封，更不是贪图享受，而是在办学中克服形式主义思想，抓住教育主要矛盾，扎实抓好常规教育，在学校内涵发展、特色发展上花力气、下功夫，实现“千教万教教人求真，千学万学学做真人”的教育理想。实，是事实，是实践，事实检验行动，实践胜于雄辩；实，是务实，是落实，务实大于空谈，落实才有发展。校长只有扎实做好方向正确的事、教职工认可的事、利于学校发展的事，才能始终做到与全校师生一道知荣辱、明进退、同进步、共成长。

时代和社会要求校长不断创新和超越。校长的办学理念不创新，学校培养人才的模式不创新，学校教育就很难培养出具有创新意识和能力的人才。作为一个对社会发展有高度责任心的校长，要基于国家的使命、民族的发展，必须站在当前教育教学改革的前沿，结合学校的实际情况，将先进的教育教学理念转化为自己先进的办学思想，促进学校的特色和品牌的形成。校长的创新是全方位的，但始终要围绕培养具有实践能力和创新精神的人才展开，如组织教师进行课程改革，针对学校和学生的实际情况，大胆而严谨地实施国家课程校本化，转变传统的人才观，建立有利于培养创新人才的评价机制，改革传统教学方法，建立重在培养思维能力、创新能力和参与意识的学习方式等，实实在在地提升学生的综合素质。在这样一个漫长而又复杂的过程中，每一个环节都不是简单的模仿能够解决的，都渗透和包含着校长个人的创造性劳动和成果。高中教育阶段是培养学生创新精神和创新能力的“黄金时期”，我们必须要以高度的责任感和积极严谨的态度推进高中的教育创新和创新教育，为培养一大批创新人才做好基础工作，使他们能够在创新领域大展宏图。

苏霍姆林斯基说过：“校长不仅是教师的教师，不仅是学校的主要教育者，而且形象地说，也是一个特殊乐队的指挥，这个乐队用一些极精细的‘乐器’——人的心灵来演奏的。你的任务就是要听到每个演奏者（教师、班主任）发出的声响，你要看到并从心底里感觉出每个教育者在学生心灵留下了什么。”在践行教育理想的道路上，校长要且行且思，让自己演奏的音符成为奋进的号角，在成就师生幸福人生的同时成就自己的教育人生。

参考文献

[1] 张献伟. 自身特征与外部条件：中学名校长成长案例探析[J]. 教师教育

论坛，2015（12）：39-42.
[2] 邓朝阳. 现代中学校长应有专业素养的思考[J]. 科学咨询：教育科研，2014（12）：5-6.
[3] 翁琴雅. 完善校长评价提升中学校长职业幸福感[J]. 教师教育研究，2015（2）：76-80.
[4] 徐洪. 新形势下中学校长管理素质的三个方面[J]. 中小企业管理与科技：下旬刊，2015（9）：211-212.
[5] 黄昉苨. 张伟：一个中学校长引发的乡村震荡[J]. 决策探索：上半月，2014（4）：81-83.
[6] 周新华. 论新时期中学校长的治校理念[J]. 教育教学论坛，2014（36）：12-13.

加强中职学生的习惯养成教育

剑阁职业高级中学　李维杰

【摘　要】本文阐述了习惯养成的含义以及加强中职学生习惯养成教育的重要性，分析了当代职校学生习惯养成的现状，有针对性地论述了对当代职校学生进行习惯养成教育的内容应包括礼貌礼节、仪容仪表、清洁卫生、组织纪律、社会公共道德教育等九个方面，并进一步论述了怎样加强职校学生习惯养成的教育。

【关键词】中职生　习惯　养成教育

中等职业学校的培养目标是要全面贯彻党的教育方针，转变教育思想，树立以全面素质为基础，以能力为本位的新观念，培养与社会主义现代化建设要求相适应、德智体美等全面发展，具有综合职业能力，在生产、服务、技术和管理第一线工作的高素质劳动者和初中级专门人才。但现代中职学生正处在一个身心、思想走向成熟的过渡时期，独生子女居多，加之部分中职生家庭教育以及父爱、母爱缺失，习惯养成差，存在许多人格缺陷。而且很多中职学校重学生技能培养而忽略了学生习惯养成教育，从近年来中职生的就业表现和社会反响来看，他们受企业和社会的欢迎程度还很低。因此，作为职业学校，我们在加强学生习惯养成教育、提高学生品质的工作道路上还任重道远。

一、习惯养成的含义

习惯是指在长时期里逐渐养成的，一时不容易改变的行为、倾向或社会风尚。

本文中“习惯养成教育”是指让学生养成良好习惯，成为品格高尚和素质全面的有用之材的“教”和“育”的过程。

二、加强中职学生习惯养成教育的重要性

加强学生习惯养成教育的重要性可以以中外很多名人大师对习惯的论述来体现。

积千累万，不如养个好习惯。

好习惯养成了，一辈子受用；坏习惯形成了，一辈子吃它的亏，想改也不容易。

——著名教育家叶圣陶

好习惯是成功人生的保证。

——瓦·苏霍姆林斯基

良好的生活习惯能带来健康和财富。

——米歇尔·福柯（法）

事实上一切教育归根结底都是为了培养人的良好习惯。

——洛克（英）

播种一种行为，收获一种习惯；播种一种习惯，收获一种性格；播种一种性格，收获一种命运。

——萨克雷（英）

这些教育名家对“习惯”的论述从根本上说明了一个人形成良好品行的重要性，也从根本上说明了加强学生习惯养成教育的重要性。受现行评价标准的影响，初中学生毕业时普、职分流的唯一标准是“学习成绩”，结果中等职业学校汇集了各个初中学校送来的“后进生”，而中职生毕业后就将走上工作岗位，中等职业学校三年要完成普通高中学生从高中到大学六至七年的社会知识、道德修养、职业习惯等教育。因此，中等职业学校对中职生加强习惯养成教育的任务艰巨而迫切，且意义重大。

三、当代中职学生习惯养成的现状

当代职校生，特别是农村中职生，大多从小缺失家庭的温暖和教育，习惯养成教育的现状堪忧。随着改革开放的深入，绝大多数农村青壮年离乡背

井，走上了打工之路，他们虽然淘到了“金”，但却遗失了亲情。很多孩子出生才几个月，便被父母丢给了长辈，而这些长辈大多没有文化，对孙子的疼爱往往变成了娇生惯养。有些孩子从一读书开始便被寄养在了亲戚家或学校，每逢节假日，他们便有家不归或无家可归，随心所欲地玩乐。有些孩子从小学读到初中，每年也就和父母见上一两面，父母不了解自己的孩子，孩子对父母也缺少信任，部分孩子养成了很多坏习惯，成长为问题青年。

当代中职生普遍缺乏良好的学习习惯，自主学习意识差。具体表现为：学习目标不明确，学习态度不端正，进取心不强，得过且过；学习不够刻苦，对学习上的问题缺乏钻研精神，动手操作能力差；缺乏自信心，对课程学习不感兴趣；同学之间欠缺合作与交流；上课精神不集中，讲话，看闲书，课后沉迷电脑，等等。

当代中职生普遍缺乏文明的生活习惯，生活自理能力差。具体表现为：在学校，对于值日工作懒散，不负责任；乱丢乱扔现象严重，没有良好的卫生习惯；随意花钱，没有勤俭节约的习惯；在家过着“衣来伸手，饭来张口”的生活，很少去做一些力所能及的事情来提高自身的生活自理能力。

当代中职生的行为习惯也普遍较差。具体表现为：纪律散漫，品行不良；粗言脏语，留怪异的发型，穿着奇装异服；吸烟，打架；上课时常迟到；说话不诚实，欺骗他人；在家与父母顶撞、斗气，不虚心听取他人意见，等等。

四、加强中职学生习惯养成教育的主要内容

人们经常说中职生是“差”生，实质他们差的不是智力也不是体力，他们差在“习惯”，从小养成的坏习惯。对他们的教育，就是矫正坏习惯养成好习惯的教育。针对当代中职生存在的普遍问题，我认为中等职业学校对学生习惯养成教育的主要内容应包括以下几个方面。

（一）加强中职学生礼貌礼节习惯教育

（1）教育学生尊敬师长，见到师长主动打招呼致意。

（2）教育学生课余进教师办公室或居室，喊报告或轻轻敲门，经允许后再进入。

（3）教育学生宾客来访时要起立欢迎，主动问候，微笑致意，热情大方，

礼貌回答来宾提出的问题。

（4）教育学生不随便打断别人的发言，学会倾听。

（5）教育学生尊重、体贴、关心父母。

（二）加强中职学生仪容仪表习惯教育

（1）穿的礼仪：男生不留长发，所有学生不烫发，不焗彩油，不留怪异发型。衣着整洁，朴素大方。在校不外穿背心、裤衩；不穿拖鞋，不披衣、敞衣、散扣；男生打球时不赤背。

（2）戴的礼仪：要求所有学生不佩戴首饰，课堂上不戴帽。团员要佩戴团徽，所有学生均要佩戴学卡。

（3）妆的礼仪：要求所有学生不化妆，不染指甲。

（4）坐的礼仪：上课时，身坐正，手平放桌面，看书写字做到“三个一”（眼离书一尺，胸离桌一拳，手离笔尖一寸）；与人交谈，神情专注，自然大方，不跷二郎腿；在公共场合，入座讲究谦让，不争抢，尊老爱幼，照顾病残者，身坐正，不斜靠，不影响他人；就餐入座讲秩序，有长辈在场，应让长辈先入座；长辈或其他客人来访，应起身让座。

（5）立的礼仪。

升国旗要行注目礼，唱国歌要肃立；课堂师生施礼要立正、两眼注视老师；集合快、静、齐，师长训话要军姿站立；上课发言或朗读课文，头正身直，自然大方；有来宾询问情况，应主动起立；当别人伸手与你握手时，立即伸手相迎，热情迎送。

（6）行的礼仪。

上下楼梯靠右走，出入教室、办公室、公共场所等按指定路线走，不拥挤，出入各“室”轻声慢步，不影响他人；遇见师长，主动让师长先行；登台发言或演讲，先行礼再发言，讲完后行礼再归位，接受奖状、奖品要双手接过，并鞠躬致谢；集体活动，听从指挥，按队列行走；平时走路落落大方，不奔跑追赶、不打架；上、放学走人行道，不闯红灯，过马路时先看两边，再从容走过。

（三）加强中职学生卫生习惯教育

（1）学生个人卫生习惯：每天至少洗一次脸，洗一次脚，刷一次牙；每周至少洗一次头，换洗一次衣物；每月至少理一次发，洗两次澡，换洗一次床单被套等。

（2）学生公共卫生习惯：积极完成各种公共卫生劳动任务；不要乱泼、乱倒、乱吐、乱拉、乱丢；遵守《学生文明卫生公约》，做到“十个不准”“十个做到”。

（3）学生组织纪律习惯：教育学生严守班规校纪（《中学生守则》《学生请假制度》《校门出入制度》《学卡佩戴制度》等）；教育学生学会服从；对学生加强法制教育。

（4）中职学生公德习惯：爱护公物；自觉遵守公共秩序；乐于助人；团结他人；爱国爱家爱校爱父母。

（5）学生吃苦习惯：教育学生学会吃苦，明白“天上不会掉下馅饼”“天下没有免费的午餐”等道理。让学生吃苦，让学生积极参加劳动，让学生举一反三，重复单调地训练达成某一项习惯或技能。告诉学生顶岗实习就是吃苦精神的实习。

（6）学生节俭习惯：教育学生学会理财（不要乱花钱）；教育学生不要吃零食；教育学生不要乱倒饭菜；教育学生不要比吃比穿。

（7）学生学习习惯：培养学生一心向学的习惯、专心致志的习惯，严格执行学习计划、定时定量的习惯，认真思考的习惯等。让学生认识到养成学习习惯的好处：一是可以通过生物钟，通过条件反射自动提醒学生自觉地去做应该做的事；二是可以让学生发挥下意识的作用；三是可以调动潜意识为学习服务。

（8）学生动手习惯：作为职业学校，加强学生动手习惯教育是职业特点的要求，是办学目标的要求，是学生适应社会的要求。作为一个职业教育工作者熟知这些习惯养成的教育内容，有助于解决“我们从何处下手教育学生”的问题。

五、怎样加强中职学生的习惯养成教育

（一）坚持“德育首位，育人为先”的教育理念

中等职业学校的教师要统一思想，把对学生的职业道德、职业纪律、职业习惯和生活习惯教育贯穿到所有教育教学活动中。“任何教师上课都必须向

学生开展职业道德和纪律教育。”

（二）关键是“重在落实，突出实效”

学校必须加大对教师和学生的规范力度，落实有关学生习惯养成教育的考核制度。同时，学校也要据此调整对教师的评价考核体系。例如，学生不和老师打招呼，班主任考核要降级；学生内务整理不好，全天停课整改；学生出操、集会时，学校派专人摄像记录，并以此为据对违规违纪学生进行批评教育，对班主任进行考核等。

（三）教职员工必须以身作则，率先垂范

教师对学生的影响和教育是潜移默化的，教师的一言一行都会给学生以示范和榜样，因此，作为学校的广大教职员工必须时时处处、时时刻刻严格要求自己，要求学生做到的，教职员工必须先做到，而且要比学生做得更好。

（四）要严格要求

在习惯养成教育的初期和矫正不良习惯时甚至需要采取强力手段。因为大多数习惯是行为达到自动化后才出现的。在行为向自动化发展和转变的过程中，严格的行为要求和按要求行为是必要的。在学校教育和家庭教育中，对有利于学生发展的主要方面，都应该有一些基本且严格的行为要求。如起居作息、合理锻炼、认真作业、物品整齐、清洁卫生、衣着整洁、礼貌待人等。

（五）要从细节着手

学生习惯养成培养中严格的行为要求必然也要求对细节的重视。习惯培养必须融入学生日常的生活和学习，注重生活中的细枝末节，尤其是那些容易出现行为问题的方面，要抓“小”，抓“细”，抓“实”。例如，学生的言、坐、立、行、妆，等等。

（六）要抓反复，反复抓

培养学生良好习惯是个长期工程，一个好习惯的养成，往往需要很长一段时间。而且，由于老师们往往具有惯性，在一段时间的训练之后，如果稍

有放松，学生就会出现反复。所以，在对学生进行训练时，要反复抓，不能放松，即使学生在某种行为上已经有很好的表现，也不能放松。同时，对于学生出现的反复现象，不要气馁，这是正常的，也是通过努力可以解决的。

总之，习惯的养成，关键在于持之以恒的严格训练，在训练中讲清道理，导之以行，这样，长此以往，必然会收到良好的效果。作为一所中等职业学校，必须把“加强学生习惯养成教育”作为德育工作的重点来抓，只有这样，才能实现职业学校的办学目标，为企业和社会输送品德高尚、素质全面、技能过硬的初、中级技术人才。

参考文献

[1] 史淑红. 如何帮助中职生树立正确的学习态度[J]. 河南教育：职成教版，2015（12）：22.

[2] 陶松. 浅谈中职学生主动学习的重要性[J]. 现代经济信息，2015（22）：453.

[3] 张超，刘永兴. 中职生礼仪教育策略探讨[J]. 辽宁农业职业技术学院学报，2014（3）：63-64.

[4] 闫国娥. 中职生行为养成教育略议[J]. 学校党建与思想教育，2013（5）：95-96.

[5] 舒声波. 中职生习惯培养中的辩证关系[J]. 中等职业教育，2011（16）：15-17.

浅议中职生流失的原因及对策

四川省旺苍职业中学　杨　毅

【摘　要】中职学校的学生流失一直是困扰和制约学校发展的难题，如何解决是职教同仁们长期交流的话题。笔者从中职生流失现状出发，分析中职学生流失的原因，结合自身多年的职教工作经验，提出了一点解决的办法。

【关键词】中职生　流失　原因　对策

旺苍职业中学是一所县级职业高中，学生流失率偏高的问题一直困扰着我们，也阻碍了旺苍职业中学的发展。今年，我们对学校近三年毕业的学生进了调查与研究得出的结论是：能修完三年学业的学生只有 70%，辍学率达30%。据初步调查，全市以至邻近地区的职业学校都有类似的情况，有的学校流失率在高二就达到了 50%。这种现象严重困扰着职业教育的发展，也造成教育资源的极大浪费。本人从事职业教育多年，就自己的经验方面，来谈谈中职学校学生流失的原因，并讨论如何控制学生流失问题。

一、流失的原因分析

今年，我们组织力量，对本校及本市几所学校近三年学生流失情况进行调查，发现不同学校流失情况不同，管理严格的学校学生流失少，管理松懈的学校学生流失多；就同一所学校来看，管理好的班级学生流失少，管理差的班级学生流失多；从整体学生流失情况来看，女生比男生少，低年级比高年级多。本人结合多年的职业教育工作经验，归纳出学生流失的原因主要有以下几个方面。

（一）家庭方面

1. 经济困难

从中职学校的学生构成来看，以农村学生为主，因各种原因造成家庭经济相对困难，尽管从2007年开始国家对在校中职学生每年发放了一定的生活补贴，但也有少数农村家庭经济确实特别困难，无法保证学生顺利完成学业，以至于他们不得不辍学，走入社会挣钱帮助父母养家。

2. 家长观念陈旧

据调查，部分农村学生家长认为读中职无用，尤其是部分外出务工的农村家长观念陈旧，只算眼前的经济账，不为孩子的长远前途着想，认为：初中毕业就出去打工，一年为家里挣好几千块钱，而读书还要花几千元钱，实在不划算，加上孩子本身读书成绩又不好，再说读了中职毕业还是一样要去打工，还不如早点出去打工挣钱。

3. 家庭教育环境氛围差

小学、初中部分学生家长平时对孩子的成长教育管理不够，致使少数学生养成不良习惯，如彻夜不归、迷恋网吧、群殴打架等，这部分学生不仅成绩差，而且行为习惯也差，实在不想读书因而辍学。还有不少家长把在初中时期行为习惯差、管不住的孩子送到职校，是让学校承担保姆的角色，“孩子年龄太小，到社会上容易学坏，在学校由老师管管，混个毕业”是这些家长的根本目的。由于这种思想的存在，家长对子女没有更高的要求，学生“混”的思想严重，原有行为习惯很难改变，往往在学习上、纪律上很难达到学校要求，学生很快在学校待不下去，家长拿孩子也没有办法，只能让其自动退学。现代家庭离婚率居高不下，导致大量单亲家庭及重组家庭产生。在这些家庭里，由于经济困难或相互推诿责任，导致学生的生活费用来源无法得到保障，有些学生被迫退学。

（二）学校方面

1. 学校管理不严，课堂教学乏味

学校管理不到位，学校各项规章制度不够健全，管理力度不够，部分学生中不时发生偷盗、打架等严重违纪事件，甚至学生中还存在不良帮派组织，使有的学生感到人身安全得不到保障，不得已而辍学。部分中职学校教师教学水平有限，课堂教学吸引不了学生；不少课堂还是以教师讲授为主，学生

只是听课的机器。对于文化底子薄的中职学生来说，这样的课堂实在无趣。

2. 实训课程较少，实训设备有限

现在的中职学生多数是文化成绩比较差的学生，而中职学校的课程设置仍然是以文化课为主，开设的理论课程偏多，实习实训课相对较少，基本技能训练无法得到保证。再加上指导教师本身技能水平不够高，难以解决学生在实际操作中遇到的问题。一些中职学校的部分专业基本没有什么实训设备，主要还是靠“黑板上教技术”，一段时间下来学生发现难以在学校实现自己的梦想从而选择辍学。

3. 班级管理不力，教育方法简单粗暴

班级管理的难度很大，少数班主任没有相关工作经验，面对此类学生管理不知道如何下手，对整天调皮捣蛋的学生无可奈何，总是以学生素质太差加以搪塞，更有少数班主任与学生发生冲突，或者采用简单的管理方式，如“过多的纪律约束”“无休止的训斥”等，也有少数班主任对待此类学生漠不关心，只把班主任工作当作谋生手段，而不是作为事业在经营。甚至有的班主任表现出冷漠和厌恶的态度，说出伤学生自尊的话语，使学生产生自我否定，缺乏自信，对学校、对学习彻底绝望，从而辍学。

（三）学生方面

1. 学习目的不明

少数中职生在初中阶段没有学习目标，整天上课睡觉下课打闹，在家家长管不住，在校老师不愿管，胸无大志无所事事，三个一群五个一伙，不是打架就是惹祸，老师失望家长伤心，自己也丧失了信心。

2. 缺乏自信、厌学

经过中考的失败，少数中职生认为自己不如其他同学，认为自己不行，再加上初中阶段老师的批评放弃更加重了学生不自信的心理。上课听不懂，作业不会做，没有养成好的学习习惯，不愿意学，对学校所开设的课程或开展的活动都不感兴趣。虽然家长希望孩子继续上学，但很多学生把学习当作

一种沉重的负担，这部分学生占流失生的大部分。

（四）社会方面

在改革开放之初，由于各项法规不完善，许多人钻了政策的空子。一些有胆量，但文化素质不高的人竟成了企业家，一些家长受到诱惑，纷纷让子女退学赚钱。

二、控制学生流失的对策

（一）加强学校与家庭之间的互动与交流

1. 采用多渠道多形式与家长沟通交流

控制中职学生流失需要学校和家庭紧密配合。作为中职学校教育主办方应起主导作用。一方面，要想办法借助社会各种教育力量，消除家长对学校教育的误解和怀疑，让家长了解学校真实的教育情况。同时，学校也应了解学生家庭环境和教育情况，可以定期组织家长会，或通过家访、电话沟通等方式进行。只有对班级学生的个人情况和家庭情况充分了解，出现流失情况时才能“对症下药”。

2. 指导家长正确教育、引导孩子成长

“父母是孩子的第一任老师”，望子成龙、望女成凤是家长们的共同心愿，每个家长都希望把自己的孩子培养成为一个将来对国家、对社会有用的人才。教育孩子是一门相当大的学问，不少家长往往不会教育孩子，有的对孩子过于纵容和溺爱，有的只注重孩子的物质需求而忽视精神需求等。那么到底应该怎样教育子女呢？首先，应重视孩子的思想品德教育，要让其先成人后成才。平时生活中要让孩子养成懂礼貌、讲诚信、有爱心、守纪律的良好品德。可以采用生活中的一些实例或通过看电视引导孩子明白哪些事能做，哪些事不能做，让其树立正确的是非观念。其次，应多关心孩子的学习和生活，使其感觉到父母很在乎他的成长，不要不闻不问，比如放学回家问问孩子在学校所学所知的内容，加以正确引导和指点。同孩子一起制定目标，奖罚分明，要让孩子养成不怕吃苦的精神，不达目标家长也不应责怪打骂孩子，要多鼓

励帮助指导他们，这样才能让其有信心。最后，要多与孩子沟通交流，多听听孩子的心声，与他们做朋友，鼓励他们把心中的烦恼说出来，从而让孩子健康成长。

（二）加强学校管理提高学校的办学能力

1. 加强学校管理，改善学校环境

中职学校应采用准军事化管理，以军人的严明纪律规范学生的日常行为，以军人标准来培养学生的文明习惯，以军人的团结精神培养学生的团队意识，做到教学、生活秩序井然有序，遏制打架斗殴、抢劫勒索等事件在校园内发生。除此之外，学校还要配套严格的学生管理制度，对不服管教、屡教不改、严重违反校规校纪的典型学生给予严肃处理，必能净化校园环境，确保校园安全。加大投入，进一步改善办学条件，并充分利用，力争做到“招得进、留得住”。

2. 加强班级建设，改进教育方法

中职学校的班主任一定要有爱心，很多中职的孩子其实是很想读书的，这时候班主任要做的是从学生实际情况出发，给学生一些精神上的鼓励和思想上的帮助，告诉学生“知识改变命运”的道理，支持学生完成学业。师爱是一种无私的爱，它集父爱、母爱于一身，比友爱更纯洁持久，它像一股清泉滋润着学生的心田，班主任对学生不仅要关怀体贴，而且要尊重理解，建立良好的师生感情，在此基础上，施之以“严”，即使这样，学生也能接受。由于他对老师有了信任感，他会把老师的表扬当作鼓励，把老师的批评当作爱护。师生之间有了心灵的沟通，互相理解和支持，班主任才能有效地对有动向的学生做思想工作。充分发挥班干部“一帮一”的作用，增强同学之间知己知彼的信赖，有利于师生共做学生的思想工作。多观察，以了解学生的心理和行为，掌握学生的思想动态，然后对症下药。

3. 加强心理辅导，端正学习动机

学习动机是直接推动学生进行学习的一种内部动因。学习动机是构成学习积极性的基本因素，它不仅为学习提供直接的动力，而且制约着学习的方

向和进程。在传统的做法中，我们往往过于侧重于从前途、理想、谋求职业等方面去激发学生的动机，而忽视了人类求知的自然动力。我们在充分调查的基础上，制定对策。成立以政教主任为组长的“心理指导组”，及时为学习动机有障碍的学生提供帮助，定期举行各种形式的活动，在潜移默化中端正和激发学生的学习动机。

总之，学生流失的原因是多方面的，有家庭的原因、学校的原因、学生的原因和社会的原因。要很好地解决中职学生流失的问题，任重而道远，需要政府、社会、学校、家庭等多方共同努力，才能够提高中职学生的素养，从而减少学生的流失。

参考文献

[1] 雷佩垚．中职学生流失现状浅析[J]．科学咨询，2014（12）：22-23.

[2] 梅莹．浅谈中职学校学生流失率[J]．科学咨询，2015（1）：13-14.

[3] 胡荣．降低中职生流失率对策新探[J]．赤子：上中旬，2015（20）：200-201.

[4] 王绪玲，王雷，孙磊．中职学生流失原因及对策[J]．职业，2015（30）：56-57.

[5] 张志婷．怎样应对中职学生的流失[J]．学周刊，2014（20）：219.

[6] 刘宏伟，詹子乐．浅谈中职生的流失与控流问题——以九江某职校为例[J]．教育教学论坛，2014（36）：175-176.

培养中小学生日常行为的调查报告

广元市黄冈学校　马文坛

【摘　要】在我国推进素质教育的今天，培养中小学生的健康人格显得尤为重要，而培养中小学生的健康人格需从培养中小学生的良好习惯入手。本研究主要是通过调查了解学生的行为习惯现状，针对现状采取对策，在全校范围开展习惯教育实践活动，以培养学生的良好行为习惯，塑造学生健康人格。

【关键词】中小学生　行为习惯　人格

现在全国都很重视学生的德育问题，德育问题说到底就是习惯问题。习惯是经过反复联系而形成的较为稳定的行为特征，良好的习惯一旦形成，就会变成人生道路上前进的巨大力量，终生受益，反之，从小忽略良好习惯的培养，而让不良习惯发展成恶习，将贻误终身。错过了最佳时期，再想改掉恶习，就十分困难。我们以往的教育常常是更注重分数，更注重学生的学习成绩，往往忽视了习惯养成的最佳时期，其结果是不少学生成绩不错，但连起码的做人的规矩都不懂。前几年的北京某大学学生刘某某硫酸泼熊事件、云南某大学学生马某某杀人事件及北京某大学学生罗某某因琐事与该校女生发生争执持水果刀将女同学刺死就是很好的例证，这应该引起我们所有教育工作者的反思。

研究表明，习惯养成教育抓得越早越好，我们的教育不能等孩子上了大学，走向社会，再回过头强调“节约粮食，尊敬师长”之类的要求，那是违背教育规律的。而学生各种良好行为习惯的养成，很重要的方面在于学校要健全规章制度和严肃的规范训练，只有形成严格要求、严格训练、严格管理的约束氛围，才会在学生幼小稚朴的心灵烙下良好的印痕，我们推出习惯养成教育系列活动正是基于这种考虑。

我校是城乡接合部中小学，生源有的来自厂矿，有的来自乡镇文化层次很低的菜农家庭，学生的综合素质有很大的差异，我们要使所有的学生在校学习期间素质都能全面提升，就必须让他们养成良好的学习习惯和行为习惯。所以，我们决定先从学生的习惯养成教育入手，在学生素质、素养方面下功夫，使学生能可持续发展，使教育能可持续发展。

一、目　的

为深入了解中小学生习惯养成状况，培养学生良好的行为习惯和学习习惯，提高学生的思想道德素质，使每位学生成为诚实守信的文明小公民，同时为全面实施素质教育打好坚实基础，我校在“培养中小学生良好行为习惯的实践研究”课题研究中以《公民道德建设实施纲要》为指导，以抓日常行为规范为突破口，对学生日常行为习惯养成情况进行了调查。

二、调查对象及方法、内容

本调查采用了问卷调查法。调查对象为一至九年级，高中一、二年级学生。全面调查，发放 809 份问卷，回收 809 份，回收率 100%。力求从整体上反映习惯养成的现状。“习惯养成”调查问卷，分学生日常行为习惯在校调查和学生日常行为习惯校外调查两部分。由课题组成员完成调查设计，其中学生日常行为习惯在校调查设置了上学进校、课堂纪律、课间休息、集会锻炼、活动公益、放学、食宿七方面内容，而学生日常行为习惯校外调查设置了居家、社区两方面的内容。这些内容是课题组通过观察课内外中小学生习惯养成教育实际表现，召开师生座谈会、班主任会，分析学生在习惯养成方面存在的问题而确定的。

三、调查结果与说明

我们对调查的资料组织专人进行统计处理，其情况报告如下：

文明礼貌在校表现情况：

上学进校：

（1）衣着整洁，按要求穿校服，佩戴团徽、红领巾、小黄帽等占到 79.82%。

（2）不带与学习无关的物品到校，不携带零食占到 43.06%。

（3）走进教室，主动精心早读，不浪费时光占到 49.29%。

课堂纪律：

（1）上课铃声响后，有序地走进教室坐好，静心等候老师的到来占到 45.93%。

（2）上课坐姿要端正，专心听讲，主动参与，开动脑筋，踊跃发言，不做与学习无关的事，不开小差占到 57.42%。

（3）下课时有序地进出教室，懂得礼让，不得哄闹占到 44.86%。

课间休息：课间准备好下节课的学习用品，与本课无关的用品一律不得放在桌面上占到 42.06%

集会锻炼：

（1）参加升旗仪式认真严肃。升降国旗、奏国歌时要肃立、脱帽、行注目礼；唱国歌时声音要响亮，速度一致；听国旗下讲话要全神贯注占到 45.45%。

（2）听取发言或观看表演应主动鼓掌，不随便走动，保持会场秩序和整洁占到 57.65%。

（3）做眼保健操时穴位正确，掌握要领，听从口令，规范到位占到 62.29%。

放学：自己回家的同学要及时回家，不要在途中逗留、玩耍，更不得随便进入游戏场所或到其他地方玩耍占到 32.35%。

食宿：就餐时不跷腿、抖腿，不将饭菜洒落在桌面和地面，讲究文明就餐，节约粮食占到 47.06%。

以上这些是做得好的方面，同时，通过问卷发现部分同学在使用礼貌用语方面坚持度不够高。

校外表现情况：

居家：通过调查发现，47.23%的学生能够早睡早起，会整理自己的书籍、房间，能帮家人做家务活；41.09%的学生衣着整洁，经常洗澡，勤剪指甲，勤洗头，早晚刷牙，饭前便后洗手；45.05%的学生有计划地选择和阅读书刊，收听、收看内容健康的广播电视节目。在父母指导下上网查阅资料、浏览信息，不浏览未成年人不宜阅读的信息。

社区：通过调查可知，42.71%的学生增强了为社区服务的意识，积极参加社区公益活动，遵守公共秩序，在公共场所不拥挤、不喧哗、礼让他人。反映出大部分学生参加公益活动意识差，这是一个亟待解决的问题。

四、问题及原因分析

通过调查发现，存在的问题主要表现在学生的品德行为和学习习惯两个方面，具体原因如下。

（一）学习习惯养成与家庭教育相关

据调查发现，有一半的学生和别人交流时不注重使用礼貌用语，尤其是课后和校外；有 40% 的学生还没养成饭前洗手的习惯，与当前预防季节性传染疾病要求相差甚远。造成这种结果，一方面，由于本校区学生多住在农村和城乡接合部，部分家长对学生卫生要求不高，学生、家长使用礼貌用语意识淡薄；另一方面，家长自身不良行为对孩子潜移默化的影响，导致学生的文明礼貌习惯较差。对此我们要加大宣传、监督力度，积极组织相关活动来完成培养目标。

问卷调查中发现有 45.02% 的学生和同学发生冲突时不能谦让，甚至动手打架，23.05%的学生对有困难的同学不能主动帮助。问题的原因在于受不良影视、不良家庭教育影响，当今独生子女式的家庭结构，使得相当部分家庭教育“重智轻德”，孩子缺乏人际交往，唯我独尊，脆弱娇气，同学之间缺少热情，还由于家长自身修养水平参差不齐，常有学生之间发生一点小冲突家长却不能正确对待的现象。因此“孩子好了，大人恼了”的事情屡见不鲜。树人树德需要潜移默化，日积月累，为了使孩子的明天更美好，家庭和学校应紧密配合，同步发展，不断提高家长素质尤为必要和迫切。

（二）学生习惯养成与教师教育观念相关

据调查发现，有课外阅读习惯的学生仅占 45.05%，有课后自学习惯的学生仅占 33.7%，学生自我主动学习意识薄弱。究其原因既与学生的学习态度不端正、学习目的不明确有关，还与教师的教育观念转变有关系。教师中或多或少存在着重学生学习成绩提高，忽视学生习惯的培养，重视优生评价，忽视后进生评价的现象，这些现象与当前实施素质教育的要求是不相符合的。因此，培养学生良好行为习惯应从教师转变教育教学和学习观念入手，全面推广新课程改革理念是当前一项重要的任务。

（三）学生习惯养成与学校常规教育相关

据调查发现，有45.93%的学生在上课铃声响后，不能及时进入教室等候老师的到来。45.06%的学生发现学校内的脏物装作没看见，虽然老师经常说教往往不改，究其原因是学校在进行矫正教育时往往是堵得多，疏导得少，说教批评多，引导践行少。长此以往，导致学生说谎话、不诚实、自我约束能力差。良好行为习惯是做人的基础，如果学校能有效抓好学生常规教育，落实学生主体地位，培养学生诚信习惯，对提高教育实效性有着十分重要的意义。

五、对　策

（一）常规教育，从点滴做起，培养学生良好的行为习惯

为了加强道德认识，为学生学会做人做事打好基础，学校将持之以恒地开展“日查、周结、月评”的常规教育活动。

日查：每天由师生督导小组按年级根据文明礼貌、爱校守纪、集会纪律、仪表卫生、普通话养成教育内容，全天进行细致检查，量化评比。各包干区设立文明礼仪、卫生安全监督岗，强化良好行为习惯的养成。

周结：总结一周工作，表扬进步大的班级，学生通过公布每周量化评比成绩，督促各班进行反思，找出习惯养成方面存在的不足；不断改进班级工作，提升学生良好行为习惯的养成。

月评：开展自评、互评、师生共评、家长评，以评价促养成，循序渐进鼓励评价提高，使学生外化行为转变为内驱力，实现学校、家庭、学生教育思想大统一，产生正效应。

（二）以学生发展为本，培养学生良好学习习惯

各班每日：坚持背诵古诗、口算练习、单词过关。每周：写一篇日记或读书心得，出一期数学园地。每月：创设《中小学生素质发展报告手册》，每月进行一次学习情况评价，同学们之间互相学习，互相帮助，共同提高。教导处要有计划地开展学生学习习惯养成的活动，如阅读竞赛、书法比赛、口算比赛等，培养学生学习兴趣。课堂上教师要严格教学常规，培养学习好习惯，指导学生学会学习。教师要正确对待学生，每学期每位教师要撰写一份

学困生转化案例，耐心细致、满腔热血地做好学困生转化工作。

（三）家校联手，形成合力，培养学生良好习惯

教师要加强师德建设，树立正确的学生观，建立民主、平等、和谐的师生关系，教书育人，为人师表，树立教师良好形象。例如，教师处处带头讲诚信话，做诚信事，对每位学生一视同仁。课内外都讲好普通话，带头营造推广普通话的良好氛围，处处为学生做出表率，事事在潜移默化教育中养成良好的行为习惯。

家庭教育要从落实家庭教育常规入手，从家长自身做起。如，对长辈有礼貌，养成按时学习的习惯以及生活、劳动习惯。通过家长学校创建学习型家庭。

（四）利用丰富多彩的少先队活动，引导学生养成良好的习惯

根据青少年的身心发展特点和成才规律，学校要充分发挥少先队的先锋模范作用，开展“以诚实守信，做文明学生”为主题的教育活动，运用“诚信讨论”“诚信评价”“评选诚信小标兵”等方式方法，使学生受到教育，形成良好的诚信习惯。号召学生学习身边的榜样，如校级三好学生、校园文明之星、诚信小标兵等，营造比学习、比进步、比提高的教育氛围，使学生达到自我教育、自我完善之目的，增强活动效果。

（五）注重环境渲染，教育学生养成良好习惯

环境对人有一种潜移默化的教育力量，为此，学校应努力追求育人环境的构筑。如校训上墙，楼梯口设置文明警示标语，楼道悬挂名人画像，展示学生作品，美化绿化校园，促使学生优良行为、品质的养成，通过耳濡目染，使养成教育的各项要求成为学生行为的准则，促进学生良好习惯的形成。

参考文献

[1] 刘可为. 培养青少年良好习惯与思想道德建设研究报告[EB/OL]. 2003-12-30.

浅谈怎样当好学校副校长

资阳市雁江区中和中学　詹木冰

【摘　要】副校长要树立管理就是服务的理念，全心全意为广大教职工和学生服务；副校长必须牢固树立终身学习的理念，不断汲取新的知识，拥有渊博的学识、深刻的见解。副校长要勤于思考、勇于开拓、不断创新，甘于奉献，心系学校工作大局，为学校利益着想，为学校发展着想。副校长既是领导者又是被领导者，既是决策者又是执行者，既唱主角又唱配角。在具体工作中，副校长要做到思想上出力不出名，多做贡献不抢功劳。

【关键词】副校长　作用　问题　思想理念

副校长是学校教育决策的具体实施者，在贯彻校长办学思想、整体推进学校工作中发挥着重要作用。在教育研究领域中，很多人在研究如何当好校长，而探讨如何当好副校长的却不是很多。事实上，在教育系统副校长队伍远远大于校长队伍，副校长因此更应该引起关注。那么，怎么才能当好学校副校长呢？笔者从以下几个方面谈一下自己的体会和感受。

一、副校长在学校发展中的重要作用

副校长在学校中起着承上启下、上情下达、下情上报的二传手的作用。一个好的二传手，死球可以变成活球；相反，二传手不到位，好球可能变成臭球。由此可见，当好副校长，对于搞好学校工作至关重要。

副校长是学校决策的具体执行者，是学校领导联系师生员工的桥梁和纽带。这种角色，决定了其地位和作用的特殊性。

作为学校中坚力量的副校长，因其地位和职责的特殊性，从某种程度上说，在一个学校发展进程中起着举足轻重的作用。学校领导班子作出的决策，主要通过副校长去推动、去执行、去实施，能否取得预期效果，与副校长关系很大。其履职情况好，则政令畅通、事业兴盛；履职情况不好，轻者延误工作，重者贻误学校发展。

从一个学校的正常运转和可持续发展来看，副校长更是具有重要作用。首先，副校长业务熟悉，是领导班子的参谋助手，是校长的左膀右臂；其次，副校长承担着学校大量的具体工作，责任重大，是学校的中坚力量；更为重要的是，副校长的工作作风和工作效能，对全体教师起着示范和导向作用，左右着整个学校的师风校风和服务效能。因此，当好副校长对提高学校工作效能、推动学校工作意义重大。

二、副校长工作中常见的问题

在学校，副校长的工作常常出现一些问题，具体表现在以下方面。

（一）敷衍塞责，履职尽责不够

有的副校长不为学校利益着想，不为学校发展着想，认为“校长是扛大旗的，自己是敲边鼓的”，“袖手旁观，隔岸观火”，当事后诸葛亮，放“马后炮”；有的副校长认为，一个单位的成绩是校长的，自己工作干得再好也徒劳。于是，干事没有激情，工作没有劲头。不是说干就干、干就干好，而是能推则推、能糊则糊；不是迎难而上、奋力攻坚，而是怨声载道、自甘落后，把问题和矛盾统统上交。还有的副校长把尽职尽责挂在墙上，说在嘴上，没有完全落实到行动上。干工作讲价钱，斤斤计较，有名利就上，无利益就推，张口讲待遇，伸手要补助，把索取实惠放在第一位。

（二）安于现状，主动工作不够

很多副校长平时工作一般满足于“上情下达、下情上传”，“不求有功、但求无过”成了副校长典型的特色。于是在工作中不动脑筋，不想办法，校长安排什么就做什么，不说也就不做。工作始终是被动的、漫无目的，当然效果也不会好。有的副校长认为，自己就算干得再好也是原地踏步，于是得过且过、安于现状，哪怕很简单的一件事情，就是拖着不办，催一催才动一动，甚至催也不动。

（三）缺少方法，工作创新不够

很多副校长总觉得自己应该“听话、懂事、讲规矩”，甚至把按部就班、循规蹈矩看成自己的丰富工作经验，不去研究新情况、新问题，思想观念陈旧，事事老规矩，年年“老黄历”，怕担风险、负责任。于是，工作简单草率，粗枝大叶，进展缓慢，难以创造性地解决问题。

（四）各自为政，协调联动不够

学校的计划和决策往往具有综合性，执行计划决策需要各科室通力合作，协调联动。作为桥梁和纽带的副校长，就应该协调好纵横关系。但是，有的副校长缺乏大局观念，一味强调自己分管工作的重要，把分管的部门看成是自己的一亩三分地，为了个人和小团体的既得利益，总是以本部门利益为中心，较少考虑学校的整体利益。有的甚至在整个团体中“拉帮结派”，生活中不是相互关心而是相互攻击，工作中不是相互帮助而是相互设置障碍，不能齐心协力，不善协调，单枪匹马，各自为政，结果是孤掌难鸣，任务完不成，出力不讨好。

三、副校长存在问题的原因剖析

之所以存在上述问题，原因是多方面的，这里面既有不可忽视的客观原因，也有深层的主观原因。

一是体制带来的尴尬让副校长难以尽责。副校长不是领导却肩负着组织管理者承担的领导责任，是领导但待遇和权力却又跟不上。加上一个学校几个副校长，职责和分工难以明确。因为学校管理的作用、对象和目标指向高度统一，各项工作必然存在千丝万缕的联系，各个职位的工作也很难割裂开来，好些工作既难以独立完成，也难以明确划分责任。同时，许多副校长要兼任教学工作，工作任务的繁重往往让他们顾此失彼，难以尽责。

二是心理失衡带来副校长工作上的惰性。副校长在学校是“兵头将尾”，能力比一般教师要强，干的事情比一般教师要多。有的副校长在工作上确有成绩，且阅历丰富，资历老道。但由于年龄、队伍结构等诸多原因，不能提拔到高一层领导岗位上来。有的副校长确实是某一领域的行家里手，但校长一任换一任，副校长却一年又一年。一所学校的校长只有一个，并非所有副校长都可以顺延梯级结构一步步向上走。长此以往，心情难以平静，心理也自然失衡，工作上也就产生惰性。

三是角色错位严重影响副校长形象。一种情况是“向下”错位。许多副校长常把自己当成是教学骨干，忘了自己的最大职责是率领整个部门的人去完成学校工作。有的副校长为了取得教师的拥戴和支持，时常把自己错位成“教师代表”，扮演“老好人”。当教师有什么抱怨时，马上站出来打抱不平，或表示同情，或以某种方式沉默，或在发表意见时总强调是个人意见，不代表学校组织。这种角色错位表面上看教师们会觉得这个领导不错，是向着群众的，但实际上往往容易造教职员工思想上的混乱，而且不利于树立副校长在部门和教师中的权威。另一种情况是“向上”错位。应该说，副校长在学生层面、家长层面、教师层面有着比学校校长更大的信息量和体验，为学校提出一些合理化的建议，供校长决策时参考，这是义不容辞的责任。但是，有些副校长时常怀疑校长的能力，天天替校长操心。当自己的建议没有被采纳时，感觉校长“昏庸无能”，甚至认为校长不对就不执行，或打折执行，拖延执行，或按自己的想法执行。还有的副校长经常按照“官场”上的一些做法来对待校长、同事和教师，常常是不顾职责、权限、程序，故意设置障碍，越俎代庖，或者对上溜须拍马、吹捧逢迎，对下颐指气使、专横跋扈，这既不利于学校工作的开展，也严重破坏了副校长的形象。

四、副校长应该树立的思想和理念

(一) 树立管理就是服务的理念

学校管理，是管理，更是一种服务。学校管理表面上是技术的操作，实际上是智慧和思想的展现。管理的初级形式是“管”，深层次的本质是关怀、关爱、服务、以人为本。以人为本的学校管理，要求管理者转变“高高在上的我指挥你服从、我指导你听从、我制订你执行”的“家长制”管理模式，深入教学一线，服务师生，了解教情、学情。

副校长与教职工和学生接触较多，要树立管理就是服务的理念，全心全意为广大教职工和学生服务。在工作中，要以深入理解学校班子的决策为起点，以师生满意为标准，切实把学校的决策和对教职工的关怀传达和落实到工作中，为广大教职员工排忧解难，为广大学生服务。只有这样，广大教职员工才会信服，广大学生才能拥戴。

（二）树立爱岗敬业的工作责任心

责任就是思考自己的工作，不断做到更好；责任就是努力提高执行力，不做好本职工作就不罢休；责任就是工作之前精心谋划，工作之中尽心投入，工作之后静心总结。责任心是干好一切事情的前提，也是副校长应该具备的最基本的职业道德，更是做人最起码的底线。

岗位就是责任，职务就是义务。无论当初走上这个岗位的原因是什么，领导看重也罢，群众信任也罢，主动争取也罢，机缘巧合也罢，反正实实在在被推到副校长这个位置了，在其位就要谋其政。教育事业的性质决定了教育工作者的价值追求是敬业奉献，而比起普通教师来，副校长更要甘于奉献，更要有责任心，更要心系学校工作大局，为学校利益着想，为学校发展着想。对于上级布置或领导交办的工作，要尽心尽力去完成；对于本部门应该做的工作，更要积极主动用心去做到最好。

（三）树立开拓进取的创新精神

创新是一个学校发展的不竭动力。只有创新，学校才会有新的管理模式和新的管理方法，才会焕发勃勃生机，最终实现既定的奋斗目标。通常副校长的职责相对是固定的，副校长的工作从大处说好像不具有创造性，但在实际工作中，副校长可以通过创造性地工作，不断挖掘自己角色的新内涵。

什么是创新？创新就是一切从实际出发，把上级精神和实际完全结合起来，既把握发展方向、明确宏观要求，又因地制宜、因时制宜、因事制宜。随着教育理念的不断更新与课程改革的深入推进，副校长创造性完成工作的空间更为广大。因此，副校长在工作中一定要勤于思考、勇于开拓、不断创新，在做好常规管理的同时，要有不断创新的领域、不断开拓的境界，只有这样才会在校长和老师心目中真正“有位”。

（四）树立团结协作的团队精神

在学校工作中，学校领导有各自所分管的工作，但是谁也不可能事事都单独完成，况且有些工作本身就不是一人所能完成的，需要相互帮助、相互协作。

学校各个部门是一个整体，如果副校长没有较强的组织协调能力，不具备团结协作精神，那么这个整体就会变成一盘散沙，从而导致工作无法正常开展。因此，团结协作、相互支持、取长补短是副校长必须具备的素质。

要做到这点关键要主动沟通，在沟通中求大同存小异，有时甚至要作出必要的、不丧失原则的妥协，这样才能减少误解和摩擦。同时，要团结一心，相互协作，心往一处想，劲往一处鼓。当班子成员之间出现矛盾时，要善于化解矛盾，而不是相互猜疑、说三道四、推诿扯皮；当自己的某种利益受到损害时，不能指手画脚、相互埋怨，而应该是以宽广的胸怀、较高的姿态去认识问题、理解问题、解决问题，只有这样，才能带领全体教职工风雨同舟、奋勇向前，使学校辉煌壮大。

参考文献

[1] 张思明，晓莎. 一位中学教师的教育生活——记北京大学附属中学副校长[J]. 中小学管理，2004（12）.

[2] 程现梅.如何当好中学副校长[J]. 现代中小学教育，1999（1）.

[3] 颜桂珍，严卫林. 副校长要练好“三套功夫”[J]. 基础教育研究，2011（6）.

敢问路在何方

四川省简阳市贾家中学　钟传刚

【摘　要】“不甘人后，敢为人先”这不仅是教育者的气度，更是家长朋友对教育者的殷切希望。随着社会的不断发展，人们对中学教育质量和学校的发展越来越关注，所以提升学校的办学水平，增强服务意识这不仅是发展的需要，更是回报社会的最好体现。

【关键词】规划　内涵　现状　细节

过去的教育是“千军万马过独木桥”，现在则是“各显神通迈向大千世界”。近几年来我校教育教学改革和发展取得了一定成绩，学校办学理念、管理方式已初成体系，师资队伍结构逐步趋向合理，科研引领教育教学已成定型，办学条件和办学水平也有所提高。作为一所资阳市示范性高中，科学、准确地规划学校的发展，积极应对发展中的各种挑战，这对学校实现可持续、协调、快速发展，具有十分重要的意义。

一、认清规划的内涵

规划是一份艰辛，布满荆棘和坎坷；规划更是一份喜悦，它充满着成就和自豪。很多事情失败，不是行动前没有计划，而是缺少计划前的行动，这也和没有调查就没有发言权的道理一样。所以，学校规划前必须先做好调研环节，看清学校发展的实际情况，树立正确的指导思想。

战略目标的实施必须高度重视学校发展的薄弱环节，即破窗现象。也就是说，一栋房子如果窗户破了，没有人去修补，隔不久，其他的窗户也会莫名其妙地被人打破；一面墙，如果出现一些涂鸦没有被清洗掉，很快地，墙上就布满了乱七八糟、不堪入目的东西；一个很干净的地方，人们不好意思丢垃圾，但是一旦地上有垃圾出现之后，人就会毫不犹疑地抛，丝毫不觉羞愧。通过破窗效应我们可以明白这样一个道理：任何一种不良现象的存在，都在传递着一种信息，这种信息会导致不良现象的无限扩展，同时必须高度警觉那些看起来是偶然的、个别的、轻微的“过错”，如果对这种行为不闻不问、熟视无睹、反应迟钝或纠正不力，就会纵容更多的人“去打烂更多的窗户玻璃”，就极有可能演变成“千里之堤，溃于蚁穴”的恶果。所以，在学校规划中我们必须要清楚地认识到当下或未来发展的制约环节。

在学校的发展规划策略中，全局性的发展奋斗目标是整个发展战略计划的核心。常言道，精明如鼠眼，能明察眼前食物；聪明如虎眼，能觉察近处猎物；英明如鹰眼，能洞察远处动物，三者集于一身，必成大事。所以，我们必须要认清现状，认准什么时间狠抓什么中心目标、达到什么效益、确认用什么标准来量化，这不仅包括数量的增长、效益的提升，还包括学校建设与发展的全面进步。奋斗目标的确立要符合学校发展实际，这对动员教职员工努力实现发展战略以及能否实现发展战略有着决定性的意义。作为高完中教育，我认为应以学科建设和队伍建设为突破口，把学生的全面发展作为战略重点，用心用情做好每一步规划和建设工作，努力提升学校的办学水平和社会影响力。

二、看准规划的现状

（一）学校发展背景

简阳市贾家中学，坐落于钟灵毓秀、人杰地灵的龙泉山麓，毗邻风景名胜区龙泉湖和三岔湖，处于成渝经济带腹心，交通便利，成渝公路、石三路、成都二绕交汇于此。积淀了一百多年文化底蕴的贾家中学始建于1910年，占地60 000平方米，校园内绿树成荫，花草幽香，格调高雅，是一所花园式百年名校。学校现有48个教学班，在校学生3 100余人，教职工192人。今天的贾中以一流的设施设备、优良的教学环境、精良的师资队伍和突出的办学业绩赢得了社会的广泛赞誉。

（二）学校发展定位

贾中立足于“以人的成长为本，实现人的全面发展、全员发展，让每一个学生有梦想、有希望”的办学理念，围绕“厚德载物，博学善思，健心强体”的育人理念和“树一流校风、育优秀人才、创天府名校”的办学目标，努力促进学校、教师、学生的同步发展，努力打造“极品教育”。

1. 优势分析

(1)办学历史悠久，文化底蕴深厚。贾家中学自1910年开办以来已有105年历史，具有比较深厚的文化底蕴和较好的教书育人的优良传统。初步形成了重基础、重能力、重创新的办学理念，开创了严谨踏实、讲求实效的办学风格。学校管理有序、民主、高效，以“感恩”为核心的校园文化建设初见成效，形成了具有乡村特色的团队合作精神，学校的核心竞争力明显增强。

（2）办学质量上乘，社会效应显著。“活力贾中，和谐贾中，魅力贾中”的发展目标植根于每位贾中人的心中，为践行这一神圣使命，历代贾中人不懈努力，其优质的教学质量、优越的教学环境、良好的社会口碑吸引着广大莘莘学子。近十五年以来，已向北京大学、浙江大学、复旦大学、四川大学等各类高校输送了4 500余名学生；学校艺术、体育独具特色，已向北京体育大学、成都体育学院、四川音乐学院、四川美术学院、中国民航飞行学院等高校分别输送了500多名艺体生和20余名飞行员。连续十四年被评为“优秀级学校”，被誉为莘莘学子实现人生理想的摇篮。近年来，教育教学质量一直保持资阳地区同类学校前列。

（3）办学条件优越，设施优良。为提升学校办学水平，提高育人质量，我校近几年来加大投入硬软件建设费用，努力提高办学条件。校区环境优美、布局合理，设施设备较为先进，为开展现代化教育提供了较好的物质保障。同时，我校还有着“厚教专学”的文化积淀，多数教师的专业知识扎实，工作责任心强，初步形成了以教坛新秀、骨干教师、学科带头人、名师等组成的教师队伍梯队，为因材施教提供了可靠保障。

2. 劣势剖析

（1）师资队伍发展相对不均衡。离简阳市区较为偏僻的贾中，长期以来教师流动性大，新教师较多，部分学科教师配备不均衡；学校名优教师的比例偏低，尤其是市级以上名师数量过少，引领示范作用不明显；部分青年教师有较大的发展潜力，个体素质较好，但进取心不强，奋斗目标不明确，未充分展示应有的风采，服务意识更有待提高。

（2）生源质量成为发展的瓶颈。随着简阳市各高完中办学规模的不断扩大，作为三类学校的贾中，招生工作面临巨大挑战。优质生源基本无缘，学生的学习能力、学习基础以及生活习惯、行为习惯等方面的个体差异大，增加了教学难度，这也影响了整体教学质量的提高。

（3）教育科研与新课改亟待整合。我校虽有教学科研课题，但因缺乏专家的指导和理论的引领，尚停留在“自我摸索”的层面，教师的教育科研意识比较淡泊，缺少教育科研的热情，学校还未能形成良好的科研氛围。如何找准教育科研与新课改的有机结合点，真正形成科研课改齐头并进的良好局面，是我们当前需要努力的方向。

三、落实规划的细节

把贾家中学办成“方向正，学风浓，校风好，校园美，设备齐，质量高”的市级优质农村高完中是贾中人的梦想，更是历史赋予贾中人的责任与担当。

（一）统一战略思想，提高认识

1. 质量就是生命

学校立足于立德树人，致力质量提升，通过向管理要质量，向师资要质量，向课堂要质量，向科研要质量，向服务要质量，打造优质教育品牌，不断提升学校的核心竞争力。

2. 爱心就是真谛

爱是教育的前提，但不是教育的全部。由爱升华为责任——对孩子的一生负责，这才是教育的真谛。学校教育就是要把爱的工作落到实处，把服务贯穿于教育的始终，让学生认可，让家长放心，让社会满意。

3. 团结就是力量

团结首先得从尊重开始，尊重上级是一种天职，尊重同事是一种本分；尊重下级是一种美德，尊重客人是一种常识；尊重对手是一种风度，尊重所有人是一种教养。在尊重的基础上，还得注意和谐相处。常言道：夫妻的最高境界是相容，朋友的最高境界是包容，生活的最高境界是笑容，而同事间的最高境界则是宽容。只有在尊重和宽容的基础上才能建立真正的和谐团队。如果你把身边的人看成草，你则被草包围，你就是“草包”；如果你把身边的人都看成宝，你则被宝包围着，你就是“聚宝盆”。

4. 安全就是保障

青少年能否安全、健康地成长，关系到千千万万个家庭的幸福安宁和社会稳定。所以，安全教育必须天天讲、月月讲、年年讲，不厌其烦地讲，达成“讲安全”“抓安全”“保安全”的上下共识，努力提升安全防范意识。

（二）强化团队素养，提升效能

1. 努力建设一支“想干事、能干事、干成事”的管理团队

所谓管理，我认为第一层面是“管事”；第二层面是“理”，即“合理”或“梳理”。管理不是控制，而是点燃、激励和唤醒。管理者，要管头管脚，但不能从头管到脚。所谓管理，其实就是管少点，理多点。二者平衡有度，适度管，多理理，这就是人性化管理的精髓。

关于用人，我很赞同这样一个观念：德才兼备，优先使用；有德无才，培养使用；有才无德，限制使用；有才有德，破格重用；无德无才，坚决不用。驭人之术在于：用人不能学医生，看谁都有病；要学木匠，块块都是料。正所谓：世间没有真正的废物，只有放错地方的财富。

诺基亚创始人曾提出一个人才策略——“不断搅动锅里的水。”换句话说，学校好比一口大锅，干部是米，员工是水，工作的热情就是锅下边的火苗，而管理者则要当一把勺子，要不断地搅动，让锅里的米和水都处在运动当中，否则粥就会成为糊粥。

2. 努力建设一支乐于教学、精于教学的事业型教师队伍

如何坚持以人为本、教师第一的原则，为教师的发展提供优质服务呢？要回答这个问题，我认为首先得弄清楚教师究竟需要什么？

教师最需要的是认识自我、发现自我、发展自我、创造自我、成就自我，所以，我们要搭建平台让他们发现、发展、成就自我。

（1）因才设位。

我曾听过一则小故事，大概是说有四个国家的人面对咖啡杯里的苍蝇，他们会有什么不同反应？

第一种人：英国人，会压一张钞票在咖啡杯下，不喝咖啡，然后走开，以这种付钱却不消费的方式表示抗议。因为他们讲究绅士风度。

第二种人：日本人，会指着咖啡杯大声指责：你们的企业怎么管理成这个样子？然后大骂一通，愤怒离场。因为日本人对管理一丝不苟。

第三种人：美国人，发现有苍蝇，则会叫来服务员说：哟，不错嘛，还有苍蝇，不过在我们美国，不是这样放的。上咖啡的顺序是：先上一杯咖啡，再上一杯牛奶，再上一碟方糖，最后上一碟苍蝇，自己随意，想放多少放多少，而不是直接放在杯里。因为美国人幽默。

第四种人：意大利人，发现后，会大声嚷道，叫你们老板出来说话！然后发发牢骚，之后，不付款大摇大摆地离场。因为意大利人讲究心理平衡。

这虽是一个笑话，但我们通过这个笑话可以看出，不同的人面对同一件事情会有不同的反应。换言之，是不是我们的所有决定、所有的努力都能得到他人的认可呢？是不是每位老师都能胜任某一项工作呢？答案是否定的。我们都希望他们是栋梁之才，但我们细想想，如果一栋房屋都是栋梁，那还是房子吗？所以，我们还需要砖需要瓦，也就是说，我们需要根据教师的实际，合理地建构他们的发展宏图，让他们因势因才而为。

（2）狼性营造力。

一个人必须要具有与人打交道的能力，这种能力非常重要。为什么要学习与人打交道？我们看看狼是如何生存的就会知道其重要性，狼有三个特点：

一是具有勇猛性。即使在战斗中只剩下最后一条路，它也会勇往直前地去掠取食物。

二是具有群体性。狼一般都是成群结伙地觅食，所以即使老虎看到狼群也会退避三舍，这就是群体的力量。一个人要想在社会上有所作为，他必须要认识到群体力量的重要性，并且要学会如何利用群体的力量。

三是优胜劣汰。当狼群中的头狼老了的时候，年轻的狼会把它从头狼的位置上拉下来，这样才能保持整体狼群的强大。人也是一样，要想成大事，首先要勇敢，其次要能团结别人一起做事，最后他还要排除自己身上的不足之处，这样才不会平庸。

狼来到这个世界，就是为了追逐与猎杀！羊来到这个世界，就是为了逃跑或被杀！做狼还是做羊？这不是“志”的问题而是“命”的问题。是狼，就炼好你的牙！是羊，就炼好你的腿！

（3）低重心高作为。

面对简阳市目前的招生政策和贾中学生的入口现状，降低重心是成功的关键所在，所以，我们正在尝试以下策略予以突破。

① 降低学知重心。我认为：其一，知识的可接受性远大于其科学性和系统性，当知识的可接受性不存在时，这个知识的科学性和系统性也就不存在了；其二，理念远大于结果；其三，学情远大于资料的多少，我们经常说“理念不能不新；万卷书不可不读；教学技能不能不通；而基本功则不可不练”。常年的高三教学经验告诉我们——高考复习“成”在“资料”，“败”也在资料。所以，我们大胆删减难题、偏题、怪题。

② 降低目标要求。

其一，“关键的 20%远大于一般的 80%”。也就是说，20%的知识点承担了考试中超过 80%的分值。100 个知识点，掌握了 100 个就可以考 100 分，掌握了 80 个却很难考到 80 分。因为命题人知道，哪 20 个知识点是不容易掌握的，也就是那 20%的知识点被赋予了 80%的卷面分值。其二，要求远大于结果。对学生的期望值过高，考试总结成为批斗大会的情况时有发生。所以，我们要切实做好补差工作。其三，“1 乘 100 远大于 100 乘 1”的效果。也就是说，我们对一个问题挖掘一百遍，问一百个为什么，它肯定比我们抛出一百道题，每道题浅浅地问一个为什么效果要好得多。其四，“通”永远大于“会”，“会”永远大于“懂”，“懂”永远大于“讲”，也就是说与其花大量时间给学生讲明白，不如花 10 分钟让他们悟明白。其五，高中学生三不缺：不缺讲、不缺练、不缺资料；教师三不缺：不缺共识、不缺方法、不缺知识要领；学生和老师的三缺：缺时间、缺反思、缺落实。所以，高中教学工作说一千道一万，就两个字——“落实”。

（三）明确教育对象，优化学生素养

1. 健全学生品格

学校德育工作的重点在于帮助学生树立科学的世界观、人生观、价值观，胸怀远大理想和抱负，富有社会责任感，具有为民族兴旺和国家富强而拼搏的精神；初步掌握科学的学习方法，具备较强的自学能力、逻辑思维能力、获取新知识的能力；要有强健的体魄、健康的心理、健全的人格，具有较强的自我教育和调控能力，做到身心和谐健康发展。

同时，我们还要求学生做到：遇事三宝——面对、处理、放下；处世三宝——谦虚、礼貌、赞叹；教养三宝——安静、慈祥、沉稳；说话三宝——请、谢谢、对不起；家庭三宝——喜欢、幽默、体贴；饮食三宝——均衡、节制、感恩；健康三宝——步行、少欲、气和；学习三宝——聆听、信受、奉行。

2. 优化处事之道

我曾看过这么一则小寓言，说的是老和尚问心爱的两个徒弟："怎么样才能让猫乖乖地去吃辣椒？"

徒弟都愣了，心想猫是不吃辣椒的，也绝不可能乖乖地去吃辣椒啊！

大徒弟说："最好的办法就是灌！捏着鼻子往嘴里灌，它就吃了。"老和尚听后摇了摇头。

二徒弟接着说："依我看，还是饿它三天，然后把辣椒拌到鱼肉里。"

老和尚还是摇头。

"那么，师父您老人家又有什么高见呢？"

"很简单嘛，你把辣椒水涂到猫屁股上面。猫屁股辣，不得不舔。舔的时候自鸣得意，又心甘情愿。那不是吃了辣椒，还要感谢你的恩典了吗？"

人们常把自己的看法强加于别人身上，结果令人烦怨、忐忑不安。很多主意、制度虽好，但缺乏好方法与好技巧。所以，中学阶段，我们还要培养学生的处事之道。

3. 培养良好习惯

习惯是什么？习惯不仅是一种品质更是一种文化。当我们培养学生养成良好习惯时，他们离成功也会越来越近；当他们习惯于成功时，成功就是一种习惯。如果失去了正确的习惯，那会怎么样呢？我用一则小故事加以说明。

毛毛虫有一种天生的习性，就是第一只到什么地方去，其余的都会依次跟着走。它们整整齐齐排成一行，后边的一只跟着前面的一只，不论前一只怎样地打转或歪歪斜斜地走，后面的都会照它的样子做，无一例外。有一位生物学家做了个有趣的试验。他把十几条毛毛虫放到花盆的边上，花盆的四周布满了菜叶，花盆的中央是一株枝叶茂盛正在盛开的鲜花。毛毛虫队伍形成了一个封闭的圆环。它们自动地等距离分布，速度相同，步调一致，就像一支训练有素的士兵绕着花盆边缘做起了匀速圆周运动。

一小时过去了，两小时过去了，三小时过去了……它们的队伍还是那样严紧。它们走得那样认真，那样整齐，真让人称奇。八个小时过去了，它们可能是太劳累了，前进的步伐有些放慢，队伍开始走走停停。晚上天气逐渐变凉，又饥又渴的毛毛虫们只好停顿下来卷作一团昏昏欲睡。

第二天气温逐渐变暖，它们慢慢地苏醒过来，又自动排好队伍开始在那里绕圈子。就这样它们日复一日地重复着如此简单的运动，竟没有一只发现这是一个严重的错误，没有一只能离开这个可怕骗人的怪圈子而闯出一条新路。数天的奔波它们不吃不喝，这些可怜的毛毛虫最后无一幸免地累死在花盆的边缘上。

从这个小故事中，我们不难看出这出盲目从众闹剧的悲哀。所以，在中学阶段我们必须帮助学生树立正确的生活、学习、交友、创新等习惯，让优秀成为他们一生的习惯与追求。

总之，前进路上无止境，步步都在起点上。在新的征程中，我们贾中人将借教育改革的东风，恪尽职守，奋发有为，在未来的日子里，学习每一天，收获每一天，进步每一天，改变每一天，就定能再创贾中辉煌。

参考文献

[1] 张兵. 关于“概念规划”方法的初步研究[J]. 城市规划，2001(3)：53-57.
[2] 徐兵智，谢寒梅. 北大心理课[M]. 北京：中华工商联合出版社，2014.
[3] 程振响. 怎样当好校长[M]. 南京：江苏人民出版社，2010.
[4] 小刀. 受益一生的60个心理学实验[M]. 北京：中国纺织出版社，2014.
[5] 宿春礼，廉勇. 人生哲理全知道[M]. 北京：华文出版社，2009.

寄宿制高中学生德育工作路径探索

——以遂宁二中实验学校为例

遂宁市第一中学　王代彬

【摘　要】在2000年前后，高中教育大发展时期，各地新建了很多高中新校区。新校区一般选择在城乡接合部，为了便于管理，新校区多实行寄宿制，封闭式管理，即学生周一至周五均住在学校，没有特殊情况不得离校。在这种情况下寄宿制高中学生的德育工作相较于走读学校就体现出来一些不同之处。如何在寄宿制学校封闭管理模式下抓好学生的思想品德教育就显得十分重要和具有现实意义。

【关键词】寄宿制　高中生　德育

一、问题的提出

2000年前后，在全国高中教育大发展时期，为了满足更多学生升读高中的愿望，各地知名的城市中学大多进行了扩建，很多学校都不止一个校区。为了降低土地成本，这些新建的高中校区大多建在相对偏远的城郊或城乡接合部，同时为了确保师生的安全和办学质量，大多数这样的学校都实行封闭式管理模式，所有学生或绝大多数学生实行寄宿制。

寄宿制当然有其自身的优势，减少了学生上下学所带来的安全隐患，增加了学生在校学习时间，减少了学生家长为学生一日三餐操劳的压力，更重要的是很多世界知名的贵族学校，如英国的伊顿、哈罗公学，都是寄宿制学校，而且这些学校有着十分骄人的办学业绩。但是，这种管理模式在最初推行的时候遇到相当大的阻力。这些阻力多来自于部分城市学生家长及学生本人。他们主要是担心城郊或城乡接合部的安全、新校区的饮食卫生及质量、学生宿舍的硬件设施，以及宿舍里的人际关系及休息质量，等等。

二、现状及成因分析

（一）寄宿制学校高中学生行为失范现状

我们不得不承认，封闭管理模式下，寄宿制高中学生的思想状况非常令人担忧，以笔者曾经工作过的学校为例。

易发生学生冲突事件。因为人群集中时间长，学生中发生摩擦或冲突的可能性增大，打架斗殴的事件时有发生，有些情况还相当严重（一是次数频繁，二是伤害程度深）。学生在宿舍里打牌赌博的现象突出，时间常是在值班教师离开后的深夜，甚至是在寝室的卫生间里赌博至通宵达旦。学生中以大欺小、以强凌弱的情况时有发生。学生早恋的现象突出。据学校的保安反映，在一年的工作时间里，他们曾先后四次发现学生在教学楼或校园其他偏僻角落有不当行为。学生干部时常发现学生情侣大白天在教室里有亲吻、抚摸等严重违规行为，更为严重的是，在人群聚集的公共场所（如食堂），发现学生情侣当众给对方喂食或其他亲昵行为。学生群体中抽烟的情况十分严重，男生尤为突出。抽烟的主要场所是宿舍和教学楼的卫生间。学生中部分室友间关系紧张。宿舍等场所的公物损坏严重。有些学生对公物像有仇一样，一点也不懂得爱惜，开门用脚踢，衣帽柜也是用力乱开、关。学生中的打闹、起哄现象严重。下课后在教室外的走廊上，就寝前在宿舍的楼道里，追逐打闹，一点小事就围观者众多，而且起哄，有时甚至可以无端起哄，而且一哄百应。使用手机不分时间和场合，如长时间在寝室里用手机上网，影响自己和他人的休息。违规出校。部分学生装病骗老师出校门；偷老师放在办公室的假条，模仿教师的笔迹伪造假条出校门；更有甚者，翻越校园围墙出校门，虽是个别，但男生、女生均有这种行为。不习惯学校食堂的大锅饭菜，还有个别学生感到孤独甚至抑郁，乃至有自杀倾向。

（二）寄宿制学校高中学生行为失范成因分析

笔者认为，寄宿制高中学生表现出前述种种不良行为的原因有以下几点。

1. 学校、家长把成绩看得高于一切

家长和老师恨不得学生把所有时间都用来看书、做作业。教师或多或少会因为成绩的差异而忽略后进生。部分学生也因为自己的学习成绩始终不理想而自暴自弃，甚至有人拉帮结派或有抓人垫背的想法。教师因为教学工作而身心疲惫，缺少对学生思想的关注，尤其是对弱势学生的心理关注或尊重。家长要么一门心思望子成龙、望女成凤，要么因为孩子的成绩不理想而产生放弃的想法，即让学校将自己的孩子关在学校不出去惹是生非就行，让学生放任自流，从不关注学生到底在想什么、想要什么、想做什么。家长不明白除了保证生活之需外还可以做什么。再就是单亲家长在对待孩子问题上的两种现象值得重视：首先是补偿心理。有的家长认为我不能给孩子一个完整的家，但我要尽可能满足子女其他的所有愿望，特别是物质要求。这种极端的想法就导致了对子女的溺爱；其次是只生不养现象。离婚后，家长很快分别组建新家庭，新家庭容不下这个孩子或者孩子不愿意跟随新家生活，于是孩子的抚养、教育、监管全部由孩子的爷爷奶奶或者外公外婆负责。这两种情况下的孩子都会出现敏感脆弱或自卑等心理。从笔者二十多年的从教经历中遇到的单亲家庭的孩子来看，发展良好的例子很少，大多数离异家庭孩子让老师头疼。

2. 封闭管理下的生活相对单调，学生与外界缺少有效沟通

再大的新校区活动空间也是十分有限的。寄宿制管理模式下的高中学生在相对狭小的生活空间里学习，时间长、强度大（最初很多学校只是对高三的学生进行封闭管理），学生的身体和精神负荷较大，加上教师、家长的高期望值，很多学生很“郁闷”，再加上高中学习竞争激烈，导致较多的学生人际关系紧张、情绪暴躁。那些冒着风险翻越围墙出校的学生，他们出校门并不都是因为想家而要回家，而是上街闲逛，或进网吧，或约见朋友（以异性朋友居多），他们想要的是一份自由。

3. 饮食不习惯、睡眠质量不高均是现实问题

现在的中学生绝大多数是独生子女，加上现在生活水平整体较高，学生的饮食口味较高；在寄宿制学校学生往往七八个人同住一室，每个人的喜好、生活习惯、出生背景不尽相同，相互之间的影响、干扰不可避免，个人的隐

私、个人的空间均受到不同程度的侵扰，这也势必造成误会乃至矛盾。因此每到放假时间，学生们就特别兴奋，简直就像重获自由一般激动，让人觉得心酸，也引起了我们的深思。

三、寄宿制学校高中学生行为失范应对策略

既然存在那么多的不足和弊端，寄宿制学校还有存在的必要吗？我们的新校区还有存在的必要吗？回答是肯定的。因为前述种种不良现象与寄宿制管理模式没有必然联系，硬件设施一流的新校区更是无辜的（很多新区的起点高，设计更人性化，设施的安排更合理，这是原来的旧校区根本不能相比的）。前述高中生的不良表现在寄宿制学校里可以看见，在走读学校也大量存在，这是不争的事实。学生的不良表现是有客观原因的。部分不良表现是因为学生的年龄（如冲动、早恋），还有家庭、社会的原因（如网吧、向未成年人出售烟酒等）。人们之所以认为寄宿制学校学生问题突出，其实是因为场地有限而人群集中的缘故，正如在医院里，我们看到的人除了医生护士均是不健康的人一样。因为场地特殊，空间变小的原因，使得人群中的弊端暴露无遗。其实走读学生中的早恋、吸烟、打架现象也是时有发生的，只不过有时候他们不在校园里发生而我们不知道罢了。

现在最重要的不是去否定寄宿制学校封闭管理的办学模式，而是应该积极在反思总结的基础上找到解决这些问题的有效途径。笔者认为在封闭管理下学生德育工作可以从以下几个方面入手。

（一）学校要正确认识我们所面对的学生群体

无论是封闭式管理还是开放式管理，它都只是一种管理模式。实现有效管理的最重要步骤在于弄清我们进行教育管理的对象最本质的一面。历史上的教育家们通过对人的发展的论述告诉我们这样一个道理：人的发展必须按照一定的秩序开展与进行。符合这种秩序的教育就是好的教育，否则便不是成功的教育。道德教育更是如此。学校作为教育活动的组织者，我们所实施的一切教育都应以学生为中心来进行。正如杜威等人所言，人性随着社会的不断变化而发生变化，这是学生作为人受教育的前提。道德作为人的一种精神生活方式，它强调的是人对天、地、人之间相互关系的理解与把握。正是

道德使人能善待人的情感并合理地运用自身的理性，使人与人和谐生活。有了对人的充分了解，我们可以知道学生是可塑的，他们现在身上出现的种种问题与智商无关，而是由他们自律的缺失、道德感的缺失、发展的顺序性和阶段性所决定的。我们大可不必惊慌失措，从而否定教育已有的成果。

（二）学校应该加强对学生道德感的培养，以加强学生的道德自律意识

我们要承认，学生群体结构的复杂性决定他们发展的多种可能性，因此学校德育工作以社会已有的道德规范与意识来教育学生与规范学生是不够的，在这个既无限开放又有许多禁忌的社会里，中学生面临很多挑战，来自网络的无限诱惑（色情、暴力、隐私），让处在这个年龄阶段的学生了解到了他们不该知道的种种信息，让他们莫名兴奋，想要去尝试，而学生的身份不但禁止他们尝试，而且连他跟人表达都要非常隐秘，这让他们备受煎熬。这种情况下，封闭管理下的狭小空间又给了异性学生更多的接触机会，相互爱慕便有了物质的（时、空）基础。要解决早恋的问题仅靠学校是不够的，还需要社会各部门的参与。首先，有关部门要加强对网吧、迪吧等娱乐场所的监管；其次，学校要规制学生的行为，禁止他们去不良场所；最后，要确保他们浏览的网站、看到的图书是洁净的、健康的，以此来减小不良因素对他们的影响或诱导。

（三）学校德育工作应该更加系统，更加贴近学生实际

据笔者二十余年的从教经验看，部分学生很注重自己学习的阶段性，即在低年级轻松学习，到高年级再猛冲。因此，学校对这部分学生的培养应注意：第一，培养学生循序渐进的意识，让他们从一年级就有一定的竞争意识和自律意识。因为学习是需要积淀的，不是可以突飞猛进的，只有循序渐进才可以取得理想的成绩。第二，注重教学策略。低年级以兴趣和习惯教育为主，不过分强调成绩，否则会过早地让一部分学生掉队，产生放弃的念头。第三，在学校的校园文化生活上多下功夫，以多彩的文化生活如校园文娱活动、艺体比赛、露天电影院、学生广播台、电视台等转移学生的注意力，让健康的娱乐形式渐渐地影响学生。丰富的校园生活是学校教育的重要组成部分，它通过各种活动让学生在轻松愉快的氛围中增长知识、陶冶情操、锻炼

能力、提高修养，使学生在潜移默化中得到成长。第四，完善学生宿舍管理制度。在寄宿制学校，宿舍有其独特的含义，这种含义既有物质的成分，又有意识的成分。一所宿舍既是一座实在的楼房，又可以指一个特定的群体和一种意识。对生活在一所寄宿制学校的学生来说，宿舍的重要性难以估量。它对学生的影响如此巨大，“学生与其说是加入一所学校，不如说是加入一个宿舍”。宿管员（舍监）负责学生的宿舍生活，同时，他们也是联结家长与学校的重要信息纽带。因而，借鉴国外有着悠久历史的寄宿制学校的成功经验，加强宿管队伍建设，让宿管员（舍监）真正成为学生的生活导师，让他们对学生的教育和管理入格入心有着极其重要的现实意义。通过他们把学生宿舍打造成学校的第二课堂，让所有寄宿的学生可以在这里学到课堂上学不到的人生课程，从而实现寄宿制学校德育工作对学生的灵魂塑造。第五，加强食堂文化建设，增强饭菜的吸引力。

（四）教师应加强自律，避免“意气”用事

教师里也有“仇富”或“媚富”两种情况。“仇富”的教师对家庭条件好的学生反感排斥，认为他们缺少爱心、忍耐力，拈轻怕重，殊不知你这样的“仇富”本身就是犯了同样的错误。“媚富”的教师贪图家长的物质利益而放弃自己的教育原则，让学生个人或群体均在教育活动中受到隐性的伤害。最初就读寄宿制学校的学生大多家庭条件较好，在教育活动过程中，教师就会遇到这方面的问题。加强教师的职业道德自律也是加强学校德育工作的有效途径。“学高为师，身正为范”，教师是学生效仿的榜样，因此，教师要以身作则，对学生中存在的问题冷静分析，积极找到办法解决。每个部分的教师做到了，整个学校也就做到了，每个学校都做到了，整个教育就做到了。

《四川日报》曾刊登过一篇《“富门寒教”看泸州》的访谈文章。文章说“泸州的黄冈实验学校开始用‘富门寒教’的方式时，有一些富家子弟因为觉得太苦而纷纷逃学，引起社会一片哗然。结果留下的 45 个复读生 100%通过了高考录取线，其中 18 人进入北京大学等国家一类大学”。这里的“富门寒教”其实就是实行封闭管理模式。在封闭管理模式下，黄冈实验学校加强了“苦难教育”“忧患教育”。从某种意义上讲，他们的教育还是成功的，学生成绩的好坏与学生的贫富是没有必然联系的，关键是我们用什么样的眼光去看待今天的教育和今天的学生。我们用了什么样的方法去解决我们所面临的问题。

（五）与家庭和社会合作，共同教育学生

一种时兴的说法是“5+2=0”，意思就是说五天的学校教育被两天的家庭教育或社会教育所抵消，让学校的教育彻底失效。现在的高中学生，尤其是城市学生见多识广，因而他们的思想也要复杂得多，而思想的复杂性和情绪的不稳定性又主要源于家庭，那些特别富裕或特别贫困的家庭的孩子尤其如此。

家长一定要注意言传不如身教，在家庭教育环节应该注意潜移默化。家长不抽烟、酗酒，学生抽烟、酗酒的可能性就减少；家长待人接物和善友好，学生也大都如此。相反，如果家长溺爱孩子或简单粗暴地对待孩子，孩子就大多会轻狂或暴戾；如果家长成天怨天尤人，孩子也会抱怨；家长把社会看得很阴暗或险恶，学生也会这样来推断他的同学或老师。现在的一些学生在接受批评的时候多是口是心非，老师说上句他知道下句，你看他的样子诚恳，他实则是在强忍不与你正面冲突，避免“吃眼前亏”。这样的教育失误与封闭还是开放的教育管理模式无关。

结束语

英国的克拉伦登奖学金委员会曾对寄宿制作出了这样的评价：“良好的寄宿学校生活是对经验的扩大或额外的鼓励和刺激，这将发展和强化学生的性格并释放他们的全部能量。”英国厄平罕公学校长思林也曾指出：“没有什么东西比寄宿制学校更有利于培养学生的个性及价值观念。”然而，寄宿制学校的德育工作是一个庞大的工程，学校、家庭、社会均有各自的责任与任务，我们还有很多方式可以尝试，很多问题需要研究，但最重要的是要积极地行动起来，认真研究寄宿制高中实际并积极寻找到适合的办法为学生的健康成长做出最实际的贡献，让每一个学生都有能力去创造属于他们自己的美好未来。

参考文献

[1] 易连云. 重建学校精神家园[M]. 北京：教育科学出版社，2003.

[2] 刘廷远. “富门寒教”看泸州[N]. 四川日报·天府周末，2005（9）.

[3] 祝怀新，应起翔. 今日英国公学的办学特色——哈罗公学个案研究. 比较教育研究，2002（12）：42-47.

[4] 孙孔懿. 学校特色论[M]. 北京：人民教育出版社，1998：164.
[5] 徐辉，祝怀新. 独特的英国公学[J]. 比较教育研究，1993（2）：41.
[6] 吴明海. 试释英国公学的文化特征[J]. 外国教育研究，1999（1）：36.
[7] 赵婧. 浅谈英国公学寄宿制对我国农村教育的启示[J]. 科学教育，2011（3）：30.

实现多条腿走路，体现教育公平

遂宁一中　杨　梅

【摘　要】遂宁一中是遂宁市一所普通高中，可贵的是，一中人具有不断创新的精神特质，他们不甘平庸，在学校党总支书记、校长邹显斌率领的领导班子的带领下，结合自身实际，创造出了一条适合学校发展、适合学生发展的道路，学校面貌因此大为改观，由一所普通的甚至有些薄弱的学校转变为学生认可、家长满意的区域名校。用适合学生发展的教育，创造出育人的可喜成绩，从而彰显出蓬勃的生命力。

【关键词】创新精神　教育公平　生命力

出于对现代教育价值观的深刻理解，一中的学校管理、课堂、学生活动都体现着“学生自主”的鲜明特点。每个学生都是发展着的个体，起点不同，个性相异，让每个学生从自己的起点出发，起步爬坡，这样的教育就关注了学生发展的需要，激发了学生自主发展、自我教育的“积极情态”。因此，在这所学校里，每个学生都可以在自己原有的基础上实现超越，每个学生因可选择的教育而拥有梦想，享受成功。基础教育经历了百转千折，有一点却是很多教育者公认的：给所有的、每个不同的孩子提供同样的、无可选择的教育，一个模式、一个面孔、“一刀切”，结果导致个性迥异的学生的生命自主和创新精神受到压抑，这显然没有遵循教育规律。每一个实践中的问题都会由实践作出回答。“让学生自主选择”“给学生适合的教育”的教育探索和实践，带给我们诸多有益启示。

一、向自主选班要效益

经过一段时间的调研、思考，学校确定了一个“选班而学”的方案，将班级分为三类：音艺体专业强化班，在考虑学生文化基础的前提下，着重提高学生的音、艺、体基本技能，着力打造艺术特色教育；文化自主提升班，学习的难度适当加深，逐渐建立有特色的班级文化，着力为高校输送合格的文化人才；技能自主班，注重学生生存基本技能的培训，让学生走上社会能初步具有适应社会的基本技能。这样就做到了“学校出菜单，大家来选班”，目的是让学生选择他认为最适合自己成长的教学内容。

增强教育的选择性更深刻地体现了教育公平。从“分班而教”变为“选班而学”，就是让选择的“菜单”丰富起来！

二、向自主学习要效益

在选班制基础上，学校开始实施一系列转变：“指导”，在新课教学之前，教师要充分了解学生学情，明确教学目标，形成帮助学生学习的思路；“自学”，学生对新课内容尽自己所能进行探究；“提问”，学生向老师或同学提出自己的疑问；“互解”，针对提出的问题，以小组为单位互相帮助解决；“提高”，由教师提供帮助，重在启发、引导，要求学生课后根据自己的学习情况查漏补缺，复习巩固，逐步提高。

这一改变，是一种教学思想的深刻变革。学生能做的就让学生自己去做，教师的重要价值之一就是帮助学生寻找适合的起点。教改实施以来，课堂最大的变化是，原来“满堂灌”，教师 45 分钟都在讲，现在教师一堂课只讲 15 ~ 20 分钟，学生成为课堂的主人。

真正的自主学习，教师是引导、互助学习者，而不能替代学生。新课程改革以来，我们都在体现“教师为主导，学生为主体”的思想，放手让学生自主去“学”，并注重了“学”的系统化。

三、向自我教育要效益

各班由一定人员自由组合为多个合作小组。每个组一个组长，由班上综合素质比较高的学生担任。各个小组之间在合作互助、卫生纪律、文明礼仪等方面形成竞争态势，每天都有班级监督员打分。

四、向课堂要效益

提高课堂 45 分钟效率，关键是把握四个定位：第一个定位是教学的内容要以基础为主；第二个定位是教学的对象瞄准中下等成绩学生，当然我们不可能照顾到每一个学生，对成绩好的学生就布置作业、思考题等让他适当提高，尖子学生关键是教他方法；第三个定位最关键，本人认为，课堂 45 分钟效率怎么去衡量？衡量的标准不在教多少，而在于教会多少。第四个定位是课堂当中的防差工作，防差比补差更重要。

五、向全面发展要效益

课程是否开足开全，是决定一所学校办学和发展方向的问题，来不得半点马虎，否则，就是剥夺了学生全面发展的权利，是对下一代的不负责任。为了培养学生良好的学习习惯，学校开展了丰富多彩的活动，让学生在快乐中学习。率先在市城区开发校本课程，恢复初中学生的春游、秋游活动，并积极开展社会活动；高中开设音、艺、体专业课；高中起始年级坚持入学军训活动，对初一新生进行为期一周的国防教育。通过这些活动，既丰富了学习生活，又培养了学生的学习兴趣，使学生在快乐中全面发展和完善。

六、向精练要效益

在一中，我们经常看到这样一些练习卷：题量不多，但仔细观察，你会发现，每一道题目都是经过精心挑选的。这样的试卷，别的学校可能找不到。不一样的试卷背后，是老师们不一样的工作。

在我校，“备作业”是每个老师常见的工作，有时比备课更认真。所谓备作业，就是从大量的参考书中挑选针对课堂教学的典型题目，“剪贴”出真正适合学生特点的作业，正是这种“少而精”的练习，让学生从题海中解放出来。

每个星期由各个学科的学科组安排适量的练习，星期五放学的时候由班主任发下去，要求学生在规定时间段内像考试一样完成这些作业，完成之后星期一早上到学校马上把它收起来，再由各学科组织本组老师集体阅卷、流水阅卷，然后再在适当的时间进行评讲。

七、向心理疏导要效益

以心换心。要走近孩子的心灵，首先要走进孩子的家庭。学校要求年级主管领导、班主任通过家访与家长交流、沟通，了解学生的基本家庭情况，对问题学生分别进行心理疏导。对有些学生而言，学习可能不是最重要的，让他们以积极的态度对待生活、正直做人才是最重要的。学校要求教师要想尽一切办法去创造让学生终生难忘的记忆，打动学生的心灵。

八、向管理要效益

不一样的管理，造就了不一样的团队。一中的老师，也许他们中的某一个不是很出色，但当他们团结在一起时，释放的能量却难以想象。在一中，老带新，捆绑成长，团队教学成了一种制度并蔚然成风。教师们集体备课，集体评课，教学既是一种个人行为，也是集体行为。

做老师，最关键的是责任心、工作的态度，还有敬业精神。在一中，不仅有年度的综合考核，还有月度的过程考核，我们把教学常规的方方面面纳入月度考核范围，每月进行一次得失分析、成效评估，实行教学目标的全程管理。而作为一校之长，本人对“管理”这两个字却有着不一样的解释。

管理，一半是科学，一半要靠艺术。管理，管理，我认为百分之四十是管，百分之六十是理，理就是梳理、引导。

不一样的教育管理、不一样的教育方法、不一样的教育理念，造就了不一样的一中。我们坚信，一中的明天会更加美好！

参考文献

[1] 倪霞. 教育公平视角下我国基础教育政策研究[J]. 中国教育学刊，2015（S1）：134-135.

[2] 费明明，任毅，赵乐华，赵晓欢，甘文田. 探析推进以公平和质量为重点的教育改革发展研究[J]. 中国经贸导刊，2015（35）：90-92.

[3] 吴德文. 树立人本理念搞好中学教育管理[J]. 亚太教育，2015（9）：237.

[4] 赵颖. 浅论中学教育教学管理及策略[J]. 才智，2015（14）：69.

[5] 矫立中华. 浅析农村中学教育教学管理的有效性[J]. 求知导刊，2015(9)：108.
[6] 洪劬颉. 自主学习：从“学会”走向“会学”——南京市第十三中学自主学习发展纪实[J]. 江苏教育研究，2010(3)：36-40.
[7] 王彩霞. 中学自主合作学习模式探析[J]. 商品与质量，2012(S5)：311.

试论新时期学校德育与心理健康教育的有机结合

四川省遂宁二中　张　铃

【摘　要】随着社会的发展、市场经济的不断深入，以及多元价值观的冲击，中学德育面临新挑战。新时期德育需要不断改进和完善学校德育的内容、途径与方法；新时期德育需要学校德育与心理健康教育有机结合。

【关键词】新时期　学校德育　心理健康教育

随着我国社会主义市场经济的不断深入发展，社会生活的诸多方面及道德观念发生了复杂而深刻的变化。客观现实需要我们对中学德育的性质、功能和效果进行深层反思；新时期的德育需要尽快在实践中探索和建立具有新时期特征的，适应当代中学需要的德育理念；新时期德育需要不断改进和完善学校德育的内容、途径与方法；新时期德育需要学校德育与心理健康教育有机结合。

一、中学德育与心理健康教育相辅相成，不可分割

中学德育即对学生进行政治、思想、道德和心理品质教育，它要解决的是思想觉悟、道德品质、人生价值观问题；而心理健康教育的任务是解决学生心理困惑、调节情绪、平衡心态、适应环境的问题，从而促进学生的心理成熟，挖掘学生的潜能，使之更好地成长。因此，不能混同中学德育与心理健康教育，更不能以思想教育取代心理健康教育。但是，当前学生的心理健康问题都与社会经济、政治变革密切相连，都与思想品德教育密切相关。在《中学德育大纲》中，无论初中阶段还是高中阶段的德育内容，关于心理品质的教育都明确体现了心理健康教育的内容。德育是塑造学生灵魂的工作，传统的德育之所以事倍功半，就在于过于机械化和理性化，而忽视了对灵魂的

培育，使学生的道德成长失去最根本的心理支撑。法国作家孔巴兹说：“未来学校应该培育灵魂，锻炼精神，优化情感，使学生成为热爱世界的主人。”可见，灵魂的培育在整个德育中占据核心地位，这更需要德育工作者增强心理健康教育意识，加大心理健康教育的力度，使二者有机结合。加大心理健康教育的力度，有利于培养学生健康的心理和人格，从而使学生养成积极向上的人生态度，把优良的品德转化为良好的行为习惯和心理品质。由此可见，中学德育与心理健康教育是相辅相成、不可分割的。

二、新时期德育理论的系统化融入了心理健康教育的内容

目前中学德育理论科学化的一个突出体现就是德育理论融入了心理健康教育的内容。今天让许多教师和家长焦虑的问题学生，大多都具有不同程度的心理问题，也可以说中学德育遇到的许多实践问题其实就是心理教育问题，因此，需要把心理健康教育列入目前中学德育的范畴。现实需要中学德育强调以构建学生和谐人格的人格教育为核心，在方法上要引入和借鉴心理教育的方法和原则，结合各年龄段学生的心理发展特点和规律，开展丰富多彩的教育活动，才能保证学生的社会化和个性化的协调发展，使其心理健康、人格健全。

（一）新时期中学德育对象的主体化，需要心理健康教育的支持

当代中学生在市场经济与人文环境的熏陶下，形成了鲜明自主、自立、自我负责的独立意识。他们热切希望按自身发展需要选择学习的内容和方式，而那些不能满足这种需求的德育说教和灌输遭到了冷落和排斥。中学德育对象的主体化对传统中学德育是严峻的挑战，也推动了人们对传统中学德育“灌输”模式的反思和检讨。专家们认为，传统的中学“灌输式”德育是一种强制型的封闭教育，在一定程度上，忽视学生的心理特点和兴趣，又与现实需要相悖，它用一种固定的教条，在很大程度上禁锢了学生的思想，窒息了学生的自主性和创造性。当今中学德育工作者努力以新的思想和方法来取代“灌输式”，通过实践先后建立了价值观导向、情感体验、心理辅导等模式以解决中学生个体成长的需要与社会发展要求之间的矛盾，使“学生是德育的主体”

的思想更加明确。无论是情感体验还是心理辅导都需要心理健康教育的支持。

（二）新时期中学德育的途径与心理健康教育途径协调一致

传统的德育途径主要重在学校教育，主要表现在政治课和其他学科的教学以及班主任的工作上，把教师看作学生的人生导师。而现代社会，中学生已越来越多地从家庭、社区、伙伴和现代传媒等多种渠道获得了相关信息，并形成了自己的道德观念和行为模式。在现代社会生活中，学校、社会和家庭在中学德育中的作用已难分高低了。中学德育途径的多样化，要求学校注意利用社会德育资源，加强与家庭、社区的联系，把学校德育与家庭、社区教育及其他德育教育连接起来。学校、家庭、社区及校外德育基地等形成了联合教育的主体，同时学校鼓励学生参加家庭、社区、基地的各种教育活动，从而发挥主动性、积极性达到自我教育的目的。学生既是自我教育的主体，又是家庭、社区教育的主体。而心理健康教育的途径也是全面化的，因为心理素质的影响是多方面的，心理健康教育就必须整合学校、家庭、社会等各方面的力量，贯通各个渠道，使各个途径协同作用起到良好的效果。把心理健康教育贯穿于学校教育与教学的全过程，学校各部门，各种课程，各种团队活动、班级活动都要重视学生的心理教育。要注意将心理教育的自发性转向自觉性，将零散性转向系统性。学生家长、家庭及社会对学生心理影响也很大，学校的心理健康教育必须要得到学生家庭和家长的呼应和强化，需要社会环境的改善和社会各部门的配合。这些都要求与学校德育和谐统一。

（三）新时期中学德育方式的人性化更离不开心理健康教育

中学德育方式本身应该是人性化的，当今更应该体现对学生的地位和尊严的承认及尊重。长期以来，中学德育的一个重大缺陷就是忽视学生的个性发展，试图把多种多样的个体抽象化甚至压缩成一个单一心理现象，忽视学生的差异。新时期中学德育在个性化教育方面有了很大进步。因为学生的心灵是丰富多彩的，包括兴趣、情感、意志、抱负等多种复杂内容，而这是实施德育个性化教育的科学依据。以此为出发点，中学德育才能使人的个性得到充分和谐的发展，才能充满人性化。在德育工作中，必须重视德育主体，坚持以人为本，让德育方式从单纯灌输法向启发式转变；重视德育的针对性，德育主体的独立性、特殊性，强化“知、情、意、行”相统一的德育内化过程，强化“隐性课程、德育情境”对德育的积极作用，达到“润物细无声”的德育境界。心理健康教育应该是提高认知、协调情感、健全意志、培养适应能力、发展个性五管齐下。发展个性是指引导学生正确认识自己在性格、兴趣、能力、素质等方面的特点，并将这改造和发展为优点，促使自己发挥出最大潜能，实现人生价值。心理教育实施必须根据学生的实际特点，采用不同的方法。教育的方式是多样化的，无论是环境熏陶法、活动体验法、榜样示范法，还是民主对话法等都必须重视受教育的主体与体现以人为本的思想，都应该实现教育主体的“知、情、意、行”的内化过程。可见，在德育方式的人性化上，充分实现了与心理健康教育的有机结合。

综上所述，新时期中学德育与心理健康教育存在着密切的联系，二者无论是对象、内容、途径、方式等都存在诸多的一致性或交替性。二者是相辅相成、共同发展、有机结合的。

参考文献

[1] 陈也轩．中学德育教育的现状与思考[J]．教育教学论坛，2015（49）：41-42.

[2] 赵志刚．农村中学德育工作的深化开展策略研究[J]．戏剧之家，2015（24）：227.

[3] 林泳许，林群，杨林峰，何燕林．以社会实践为载体增强中学德育实效——以福建师大附中为例[J]．福建教育学院学报，2015（12）：12-14.

[4] 邱成国．也谈学校德育的理论指导问题——以华山中学为例[J]．中小学德育，2015（1）：12-14.

[5] 栾素蓉，王海青．让校园充满成长的气息——青岛市城阳区第二实验中学德育工作纪实[J]．中小学德育，2015（3）：47-48.

农村中小学校园文化建设存在的问题与对策

四川省蓬溪中学　潘国华

【摘　要】要实现教育均衡发展，农村中小学文化建设不可忽视。本文就农村中小学校园文化建设从物质、制度、精神、活动文化四方面归类梳理存在的问题，从社会环境、教育管理、学校本身三方面探讨问题的成因，从教育发展规划、行政管理、学校作为三方面提出解决问题的对策。

【关键词】农村中小学　校园文化建设　问题　对策

近年来，教育均衡发展成了社会的热点话题，《国家中长期教育改革和发展规划纲要（2010—2020年）》明确提出：促进公平是国家基本教育政策，促进义务教育均衡发展和扶持困难群体，根本措施是合理配置教育资源，向农村地区、边远贫困地区和民族地区倾斜，加快缩小教育差距。

相对于城市中小学而言，农村地区的中小学物质与精神文明进程相对落后。因此，在农村地区的教育发展中，校园文化建设的核心意义在于通过硬件设施的构建、环境氛围的营造，从性格塑造、素质提升、情操陶冶等多个维度，形成对学生循循善诱的积极影响。笔者基于多年来本校及本地部分农村中小学校园文化建设的实践经验，结合校园文化建设领域文献研究的前沿成果，深入梳理分析当前我国农村中小学校园文化建设存在的问题，并提出改进对策。

一、校园文化释义

校园文化是学校办学过程中以校园为空间、师生为主体共同创造、逐步积累而形成的物质与精神财富的总称，是全体成员认可和共同遵守的价值取向、行为准则、思维方式、思想作风的总和。

校园文化包括四个层面。一是精神文化层面，是指学校办学过程中逐步形成的核心价值体系，包括办学理念、育人目标、校训、校风、教风、学风等，是学校发展积累的精神财富，是校园文化的核心和灵魂。二是物质文化层面，是指学校育人的物质环境，包括学校的建筑物、环境、设施设备等学校发展积累的物质财富，是建设其他层面文化的基本保障。三是制度文化层面，是指学校办学活动准则，包括学校的章程及制度，各种教育教学活动中师生工作、学习、生活等的行为规则，是学校办学有序进行的制度保障，是联系其他文化层面的纽带。四是活动文化层面，包括学校成员个人与集体开展的各类教育活动，是校园文化的主要载体。

二、农村中小学校园文化建设存在的问题

受经济与社会发展等综合因素的影响，我国农村中小学教育发展滞后，校园文化建设存在着一些普遍性问题，比如重视物质文化的建设而忽视精神文化的建设；注重学生智力因素的培养而忽视非智力因素的开发；注重思想认识的灌输和道德行为的强化而忽视间接情景的暗示等，可归类梳理为以下四个方面的问题。

（一）精神文化方面：缺乏思路清晰、特色突出的办学思想

1. 缺乏对核心办学思想的准确提炼

从办学理念到育人目标，从校训到校风、教风、学风的表述上看，有的逻辑混乱，从中找不出核心观点。

2. 核心办学思想缺失个性特色

核心价值观雷同，有文化内涵的少，不能反映学校特有的历史文化，不是学校师生员工共同价值观念的体现，而是学校管理层少数人的想法，对学校工作缺少指导意义。

（二）物质文化方面：缺乏前瞻性的整体规划，文化设施建设滞后，精神文化彰显不突出

1. 校园硬件设施建设缺乏前瞻性的整体规划

在建筑物布局方面，不少学校功能分区不明，教学楼及其他功能建筑穿

插交织、布局不合理；在校园绿化方面，不少学校绿化率不达标，花草树木品种少，配植及空间布局不符合生态学与美学要求，绿化缺少专业管护；在识别系统设置方面，没有建立健全统一规范的识别系统。无校名及校徽形象设计，建筑物、道路、公共场所没有命名，从室外建筑与环境到室内标识等没有整体设计安排，显得杂乱无章。在文化景观方面，大部分学校缺少文化景观的构建，对重要的建筑文物保护意识不够，乱拆乱建的情况普遍；文化建设成为应景之作、“形象工程”，用于应付上级验收检查，重复建设普遍存在。

2. 文化宣传及教育设施建设滞后于其他建设

一是文化宣传设施内容简单，缺乏特色。一些学校“一牌”“二栏”“三室”建设都存在问题；走进校园，看不到文化宣传牌；宣传橱窗、公示栏、黑板栏内容千篇一律；走廊文化、教室文化、办公室文化、寝室文化往往千校一面，学校张贴的名人像、警句、格言多形式单一、内容陈旧，属于师生自己创作的内容少。二是文化传播设施的利用未能达到理想效果。校园广播设施用于学校事务性管理的多，用于开展校园文化宣传的少，内容不丰富。图书室、图书角普遍存在图书数量不足，质量不高，适合学生阅读的读物少，有的学校图书室形同虚设，向师生开放时间没有保证等问题。校园文化内容建设不能与时俱进。

3. 对学校核心价值观展示不充分

一些学校没有将办学理念、育人目标、校训、校风、教风、学风在校园重要的场所宣传展示、诠释。

(三) 制度文化方面：内容缺乏特色、执行难落实

1. 规章制度的内容缺乏特色

实际上，大部分学校没能将其核心办学理念融入其规章制度中，实际是阻断了“理念内化于制度，以制度约束个体，最终将理念根植于个体”的传导机制，丧失了传递学校核心价值观的有效途径。

2. 规章制度的执行难以落实

部分学校规章制度的内容空泛，甚至不符合法规政策要求，缺乏可操作

性；有的学校即使制定了合理制度，却在实施层面缺乏有效执行及对执行情况的监督，令制度成为一纸空文，丧失了其约束、评价、激励等应有职能。

（四）活动文化方面：课外文化活动偏少，师生主动参与度不高

1. 课外文化活动偏少

学校所开展的团队活动、文化活动、课外及社会实践活动等数量少，形式单调，内容不丰富，没能够给师生提供充足的才艺展示和精力宣泄的机会。

2. 大部分师生主动参与度不高

校园活动文化属于少数特长精英，没有成为多数师生的自觉追求，因此多数师生被动接受，参与度不高，难以形成共同的价值观。

三、农村中小学校园文化建设问题成因

（一）农村社会环境影响

1. 因乡村文化精英流失导致农村文化活动总体弱化

我国正处于城镇化进程中，农民进城后，乡村文化精英减少，农村群众文化活动弱化，优秀的传统道德文化影响力弱化，不良的以及外来的不健康文化影响增强，对农村中小学校园文化发展造成了负面影响。

2. 农村社会、家长及老师对校园文化相关活动不够重视

农村中小学校师资力量薄弱，特别文化艺术人才严重缺乏，农村社会及家长看重学生学业成绩，对素质教育要求不高，也对校园文化发展观产生影响。

（二）政府扶持投入不足

教育行政主管部门对学校校园文化建设重视不够，指导不力，导致学校校园文化建设滞后于其他工作。在政策方面，政府重视程度不足，直接体现

为校园文化建设资金来源缺乏，对于经济欠发达的广大农村地区而言，能够用于校园文化建设的资金寥寥无几。

（三）学校重视不够

1. 对校园文化建设的重要性没有充分认知

一般教职工对校园文化缺乏系统认识，以为多栽几棵树，搞点文化墙，搞个艺术节、文化节便是有了校园文化，而中小学“事务性校长”居多，常常忙于安全、质量管理，对学校发展缺乏深层次的思考，没有认识到校园文化建设对提升学校品位、推动学校发展的作用，缺乏建设的积极性、主动性。

2. 对校园文化建设的规划缺少继承性和连贯性

校园文化的建设需要代代师生相传、任任校长接力，长期积累，学校的核心价值体系才能在代际传承，在不断创新和积累中形成，但现实状况是新任校长入职，不是挖掘学校长久积淀下来的历史和传统，而是另起炉灶，几任校长下来，就容易导致校园文化碎片化，导致继承性和连贯性缺失。

四、加强农村中小学校园文化建设的对策建议

校园文化会留迹于校园建筑物、环境、设施设备等物质载体，体现于校园的仪式、庆典等活动，以及学校的管理行为与师生员工的言谈举止；反映于校歌、校训、校风等学校的办学理念和办学成果。不同学校因地域及人文环境、经济发展水平、办学历史及办学条件不同，文化建设的重点及途径会有所不同，但终极目标是一致的。本文从地方政府和学校出发，就加强我国农村中小学校园文化建设提出以下对策建议。

（一）地方政府加强农村中小学校园文化建设的对策建议主要有两条

1. 规划先行，明确发展任务

建议将校园文化建设任务及目标要求纳入各级政府的“十三五”教育发展规划，列入薄弱学校改造、标准化学校建设计划，做到投入有保障，项目

列专项，验收有标准。

2. 重视宣传，保障人才供给

建议将校园文化建设及管理相关内容纳入各级政府的教育培训计划。校园文化建设是一个持久的、复杂的系统工程，要重视对农村中小学校长、骨干教师的培训，增加其认识，促进其结合实际去践行。

（二）农村中小学加强农村中小学校园文化建设的对策建议

1. 学校做好校园文化建设的基本原则是“远处着想，近处着眼，细处入手，快速行动”

坚持做到：树立明确的建设指导思想。要明确：校园文化建设是一项长期性工作，要克服短期行为，要持之以恒扎实推进；需突出校本特色，在挖掘校史中把握办学理念、融进先进文化、明确建设主题、关注共同价值观；既要注重传承，又要与时俱进、创新发展，把握校园文化建设方向；要融入本土文化，结合本校实际，促进学生全面发展，突出育人功能。

2. 构建切实可行的规划方案

校园是青少年学习与生活的重要场所，校园中一幢建筑、一处景观、一棵小树都能给他们留下长久的记忆，影响其发展。校园文化建设规划的核心任务就是最大限度给学校创设一个美好的育人环境，因此要体现学校的价值取向、审美情趣，承载学校的办学历史，见证时代的变迁，引领学校发展方向，体现育人功能。规划应达成以下目标：一是建构学校的理念系统，包括办学宗旨、育人目标、校训、校风、教风、学风等，突出办学特色。二是编制可持续发展的建筑与环境建设方案，彰显文化氛围，体现环境育人功能。三是建立视觉识别系统。包括校名及校徽标志的设计及其在学校的建筑和环境、设施和设备、学习和生活物资上的应用；建筑物、道路、景观命名，功能区域的导视牌、提示牌、指示牌、警示牌设立。四是确立学校的行为规范系统。完善并汇编学校的规章制度，形成教职工手册、学生手册规范师生行为。

3. 打造因校治宜的特色文化

当前国家高度重视教育均衡发展，制订了标准化学校建设、薄弱学校改造专项计划，对农村中小学建设投入加大。因此，农村中小学要抓住机遇，在改造、新建校园时，将校园文化建设项目列入其中，根据经费多少，量力而行，统筹兼故，分期分批实施，切实推进校园文化建设。农村学校的物质文化建设不要贪大求洋，要突出乡土风貌和地方人文特色，尽可能利用本地资源建设有特色的人文校园。

4. 营造有活力、能落地的制度文化

在建立完善制度的过程中，要坚持民主集中原则，构建的制度应满足：一是全，校园事事有章可循；二是细，内容具体明确，操作性强；三是宽严适度，体现人本、人文精神，有激励性，既适用于近期又有长期作用。

5. 开发校本资源，拓展课外活动

农村学校文化体育设施设备不完善，因此，要善于利用农村地区现成资源，开展形式多样的课外文化体育活动，兼顾教育与情趣、知识与娱乐、活动与安闲，努力让学生根据天资所好，扬长避短，各得其所，各行其乐。变命令式为倡导式，变禁绝式为诱导式，变接受式为参与式，充分发挥学生的主观能动性，创造条件，让学生自己组织，主动参与，寓教于乐。

6.“校园精神”应是校园文化建设的核心

校长是学校文化建设的领导人，他要有正确的认识，敢于担当，勇于创新，善于引领，用自己的人格魅力去激发师生的精气神，构建学校的精神文化，要让校园文化建设变成不再是校长或少数人的事，成为全体师生共同关心、乐于参与、自觉行动的事。

参考文献

[1] 王伟. 从践行社会主义核心价值观角度看中小学校园文化建设[J]. 才智，2015（8）：166.

[2] 硕忍巴巴. 关于山区中小学校园文化建设探讨[J]. 教育教学论坛，2015（28）：256-257.

[3] 赵君宁. 浅析农村中小学校园文化建设[J]. 求知导刊，2015（9）：104.

[4] 蒋应汉．西部农村中小学校园文化建设的几点实践与思考[J]．学周刊，2015（32）：201.
[5] 肖璇．农村中小学校园景观设计的乡土文化体现[J]．中国艺术，2014（2）：136-137.
[6] 罗海燕．中小学校园文化建设的制度分析[J]．中小企业管理与科技：中旬刊，2014（10）：271.
[7] 张国占．中小学校园文化发展相关问题研究[J]．生物技术世界，2014（8）：168.

让学生做成长的主人

四川省北川中学　肖志敏

【摘　要】四川省北川中学历时三年，通过对学生进行主体性学习能力培养研究的同时，与日常教育教学活动结合，传继大禹精神，教育学生“做人”的道理，培养他们乐观、自信、责任、顽强、上进的品质，提高学生综合素质，并为其终身学习和幸福人生奠基。

【关键词】学生成长　主体教学　自主成长

2006年北川中学申报的“羌族地区中学生主体性学习能力培养研究”课题正式被四川省教育厅立项为省普教职教科研资助金项目课题。2007年2月5日，在市教科所的指导下课题组举行了开题论证工作。

2006年9月，高中一年级学生入校时，课题组以文化成绩为主要量标将其分为上、中、下三个层次，进行整体研究。对其中重点研究对象，分学科建立个人研究档案，明确了研究对象的学习能力差异，制定了相应的实施方案，以培养学生的学习目标意识和良好学习习惯为重点。2007年9月，高中二年级时，课题组分学科指导研究对象发现自身学习能力方面的主要问题，以培养学习自信心和学习的责任感为重点，利用高一年级掌握的基本方法，对自己的学习行为进行矫正。2008年9月，高中三年级时，梳理高一、高二研究成果，以学生形成个性化学习方法为重点，指导研究对象形成自己的提高学习能力的一套方法，并在学习实践中进行检验。在课堂教学中，课题研究人员为学生创设民主、宽松、和谐的教学氛围；激励和指导学生自主学习、自主建构知识体系；鼓励同学间的相互合作，集思广益，依靠群体的力量来主动积极地获取知识；为学生创造成功的机会，增强学生的学习自信心和责任感，塑造学生的主体人格，使教学过程成为教师指导下的学生自主探究、自主学习、自主创新的过程。

一、言传身教，让学生做成长的主人

本研究历时三年，课题组通过对学生进行主体性学习能力培养研究的同时，与日常教育教学活动结合，传继大禹精神，教育学生“做人”的道理，培养他们乐观、自信、责任、顽强、上进的品质，提高学生综合素质，并为其终身学习和幸福人生奠基。

（一）培养主体性学习品质

1. 密切主导与主体的关系

在教学过程中从学生的实际和需要出发，参研教师的教学最大限度地适应学生的实际和需要，通过主导设计的一系列教学活动，有针对性地实施差异教学，使每个学生在原来的基础上潜能得到开发，得到发展。我们认为：教师的主导是学生在学习过程中主体性发挥的关键，切不可因强调学生的主体性而忽视教师主导的功能。而学生在学习中的主动性，主要体现在学生能主动地学习，还能根据自身的水平和需要进行有选择的学习，能始终以饱满的热情和旺盛的精力独立自主地学习，并随时调控自己的学习过程，充分调动自己的潜能及非智力因素。

2. 激活学生的内驱力，使学生热爱学习

在教育教学活动中，我们尝试通过联系学生学情实际，制定出处于他们最近发展区的教学目标，并为其提供适合的导学方案，让绝大多数同学能“跳一跳摘果子”，最大限度地调动学生的积极性，从而使学习变成学生内在的需求；想方设法使教学目标内化为学生学习的目标，激活学生的内驱力，使每个学生对每一节课产生极大的兴趣，积极主动地学习；挖掘教学内容中的情感因素，做到知、情、意结合，课堂上师生民主平等，互相尊重，多给学生成功的机会使学生得到情感需求的满足；精心设计丰富多彩的学习活动，激发学生的兴趣，使之对学习产生内在的需求，让他们在活动中自己主动而独立地获取知识和发展能力。教师通过不断反思调控教与学的过程，并在调控的基础上确立新的学习目标，使课堂教学效益最大化。

3. 强化动态教学策略意识，使学生学会合作

学生在学习过程中的主体地位不仅体现在他们各自的个体上，而且也体现在他们的群体中。我们鼓励同学间相互合作，集思广益，依靠群体的力量来主动积极地获取知识。随着课堂教学中的“合作式”学习不断加强，它不但活跃了课堂气氛，增强了学生的参与意识，而且通过学习间的相互交流，互通有无，提高了学生的学习能力。我们尝试采用“分组讨论式”“任务分工式”“切块拼接式”“主次合作式”“口述笔写式”等方式。就内容而言，除了文本中的词句问题讨论外，我们还指导学生进行“合作式阅读”“合作式写作”“合作式操作”等。我们根据不同的教学目标和内容，以及学生的实际情况，选择恰当的合作形式，并时时给予合作策略的指导，强化动态学习的科学性。这样既提高了学生合作的效率，还增强了学生的合作精神。除此，教师还对学生进行合作态度的培养，使其初步养成了合作习惯，学生不仅在教师的指导下能够相互合作，而且能在日常学习活动中积极合作，在合作中共同探求新知，解决疑难问题。

（二）实施“三制三会”管理

2006 年 9 月，学校政教处试行“三制三会”的班级管理策略，取得了较好的效果。“三制”指“人人岗位制”“值日班长制”和“小组值周制”。“三会”指“班会”“班委会”和“班级监督考评委员会”。

“人人岗位责任制”就是人人是班级的管理者，每个学生都在集体中负一定的责任，既是干部，又是群众；既是管理者，又是被管理者。班级的荣辱与集体成员息息相关，学生的主人翁责任感、集体荣誉感得到了普遍的增强。

“值日班长制”，就是人人要当一天班长，按学号轮流，值日班长的主要职责是：维持当天课堂纪律及“两操”情况，统计作业完成情况，督促各岗位上的有关人员做好本职工作，处理偶发事件，填好“班级情况日报表”，负责当天教室门的开关。

“小组值周制”，即“每周瞭望”。首先建立综合性八人小组，把全班同学按兴趣相近、自愿组合、四男四女、四好四差、综合实力相近、可在同一起点上展开竞争的原则，组成六到七个小组。这些小组既是学习小组，又是娱乐小组、劳动小组，同时还担负起“每周瞭望”的责任，依据班级情况日报

表分析班级一周情况，了解国内外一周大事，主持好“每周瞭望”：（1）班内一周情况总结。（2）“北中校园电视台”（稿件来自班级投稿箱）。（3）一周国内、国际要闻。

班委会由班会产生，一学期两届，由执政班长直接负责竞选产生。执政班长轮流更换，任期两个月，不得连任，这届的工作成绩作为下学期是否聘任的依据。值日班长之间、执政班长之间展开竞争，争做最佳班长。

“班级监督考评委员会”是自我管理监督机构。班集体自我管理的“权力”组织是全体学生大会，行使制订班级目标、制度（班级公约）、活动计划等职能。“班委会”是“行政机构”，“班级监督考评委员会”是“司法”机构，它的职责是：审定执政班长资格，审定班委会工作，督促全体同学遵守班级公约，督促值日班长做好工作，协助值周小组做好“每周瞭望”，组织每周一次的民主生活会，监督考评各部分工作的开展情况。监评委员会成员按监评会章程由全体同学民主推举产生，产生后向全体同学宣誓就职，任期两个月，期满在民主生活会上由全体同学对委员投信任票表决，如信任票不到总票数的三分之二，则推选新委员。

通过实施“三制三会”强调学生自主自为，落实了学生的主体地位。在班级开展系列化的教育活动中，学生们共同参与班级各层次的管理，班级成为他们锻炼能力的舞台，学生的个性得以健康地发展，良好道德品质得到有效培养。在成长过程中，逐步使学生改他律为自律，使外在约束转化为内在需要，增强了班集体的凝聚力。人人成为自我锻炼、自我管理、自我教育的主体。

（三）成为学生成长的典范

1. 用生命去呵护生命

在生死关头，老师们舍生忘死，挺身而出，用勇敢和无私的行动，用生命和鲜血，诠释和升华了教师的不朽师魂，用生命去呵护生命，成为学生成长的榜样典范。

“5·12”大地震发生后，校长刘亚春立即派人前往两公里外的县城报信求救，同时迅速组织师生展开自救。在烟尘呛人、余震不断的废墟上，大家用手刨、用肩扛。在与外界隔绝的情况下，我们冒死奋战，硬是把两百多个年轻的生命从死神的魔爪中夺了回来！从投入抢险到撤离险区，刘校长几天几夜没有合眼，却顾不上被埋在废墟当中的儿子和生死未卜的妻子。撤离险区前，刘校长得知妻儿均未逃生，随他一起撤离的同事再也压抑不住内心的痛苦，泪水奔涌而出……

张家春老师正在底层的第一间教室初二（1）班做物理实验，位于逃生的有利位置，但他却迅速退到讲台后面，指挥学生撤离。砖头、碎石、泥块倾泻而下，教室门框变形，再也承受不起越来越大的压力。眼看生命之门就要关闭，张老师一个箭步跨过去，用魁梧的身躯顶住门框，撑起了孩子们求生的希望。一个又一个的学生从他的双臂下穿过，四十几个孩子逃过了死亡的厄运。灰尘包围着他，砖块袭击着他。当他使出最后的力气，将一个男孩踹出去时，无情的水泥板砸了下来……张家春老师被垮塌的废墟吞没了——这位年仅29岁的羌族汉子，用生命讲完了他的最后一课！

李佳萍老师冲到教室门口，把门拉开，转身大喊："地震了，同学们快跑！"在山崩地裂般的塌陷中，她把学生一个一个推出门外，救出了30多名学生。突然，"轰"的一声，教室坍塌了，李老师和六个学生一下子陷入了黑暗的世界。李老师腰部以下被一根横梁砸中，半个头埋在水泥块里，头上流着血……过了一会儿，他们隐约听到外面有人的声音，李老师赶紧叫同学们大声呼救。但是，由于他们被埋得很深，除了黑暗和透过缝隙吹进来的风外，没有任何回音。六个学生都在哭泣。李老师就跟孩子们聊天……时间长了，有的睡着了，但李老师强撑着一次次把他们叫醒。在废墟中坚持了30多个小时，李老师的声音越来越弱。感到自己快不行了，她用那只能够活动的右手，摘下左手上戴了20多年的结婚戒指，交给离她最近的学生，告诉她："如果你能活着出去，请把它交给我爱人，告诉我女儿和爱人，我很想他们，很爱他们！"最后，她艰难地、一字一句地叮嘱孩子们："你们一定要坚持，我会在另一个世界祝福你们！"五个学生获救了，李佳萍老师和一个可爱的学生却永远离开了我们。

年近50的党支部书记张定文一次又一次地冲向废墟，鲜血染红了他的双肩，而此时的他却无法顾及被困在废墟中妻子痛苦的呼救。

死里逃生，从废墟中艰难爬出来的副校长马青平，不顾自己伤势，迅速组织高三学生分组投入抢救、运输伤员的行动中。

沉着机智的刘宁老师成功救出了59名学生，却眼睁睁看着女儿失去生命。

……

在突如其来的灾难面前，没有一个老师先去抢救自己的亲人，大家都坚守在学校，奋力抢救学生。我们的教师把生的希望留给学生，把死的危险留给自己，勇敢地穿越死亡线，拯救了一个个宝贵的生命。2008 年 9 月，教育部、人力资源和社会保障部授予北川中学“教育系统抗震救灾英雄集体”的荣誉称号。

2. 用生命去温暖生命

在困境中，我们广大教师强忍悲痛，坚守岗位，竭尽全力，顽强拼搏，恢复正常教学。我们把教书育人相结合，用生命去温暖生命。

（1）温暖进校园。

在抗震救灾过程中，师生得到了各级政府的关怀，政府先后拨入救灾应急资金 120 万元，用于解决师生的临时安置和复学复课；拨付专项资金 348 万元，用于教学设施设备的改善；解决高三学生生活补助 15 余万元，新生交通费 8 万多元。为了抚慰遇难师生家属及伤残学生，为遇难教职工发放各项抚慰金约 15 万元，为遇难学生及伤残学生发放各项抚慰金约 9 000 万元。为了保证灾后尽快复学复课，安排设备重置资金约 90 万元，为北川中学购置了课桌椅 1 200 套、黑板 58 张、办公桌椅 200 套、学生床 600 架、床上用品 1 200 套以及照相机、摄像机、手提电脑等教育教学及生活必备物资。同时，北川中学得到了社会各界、各级组织团体及爱心人士的无私援助。到目前为止，共收到爱心捐款 1700 余万元，并收到大量的衣物及学习用品。由于各级党政部门的支持和社会各界爱心帮助，学校免除了学生的全部学习费用，包括学费、课本费、资料费、住宿费等，还向孤儿、单亲、残疾学生以及家庭非常困难的学生提供全部或部分伙食费。

学校积极倡导师生和一些心理健康工作者、心理学专家谈心，做一些心理治疗和预防的工作，使师生的情绪有了较大的稳定。地震后的半年时间里，学校充分利用中科院和复旦大学的智力资源，分别开设了“安心屋”“心灵花园”对学生进行心理康复，对师生中的高危人员进行排查，由专业的心理咨询师对他们进行心理辅导，半年来共接待师生来访 300 余人次。中科院的专家们指导学生做“放飞机”等心理小游戏，使他们在活动中感悟生命的意义，明白了团队协作能够战胜个人永远无法克服的困难。最近，心理学专家对学生反复测查，发现地震给北川中学师生带来的心灵创伤逐渐被平复；学校积极配合德阳市残联与香港红十字会，合作成立了一所康复及假肢中心，假肢中心为截肢患者安装义肢，该中心为残疾学生提供了免费评估、测试、制作、安装、调试、康复和维修更换义肢服务。为方便残疾学生生活，还在教室、寝室、卫生间等地搭建了无障碍通道，为学生配备了轮椅、拐杖等相关设施；社会各界有计划地组织师生集体外出旅行，对教师心理康复起到积极作用。2008 年 7 月 29 日至 8 月 9 日，中科院心理研究所在邛崃天台山为有遇难子女、配偶的北川中学教师举办了两届“温存之乡”之旅，参加教师 29 人，教师家属 26 人；长虹公司组织北川中学教师分两批到华东五省进行考察；国庆期间，四川扶贫基金会组织 100 名北川中学师生远赴秦皇岛参加心理康复活动。

（2）校园传温暖

自从“5·12”大地震以来，教师一直坚守在长虹培训中心，照顾和管理学生，一直没有休息过，许多老师失去了妻子、丈夫、孩子，但仍然坚守在工作岗位。在传授学科知识的同时，对学生进行心理疏导，帮助其树立信心，自强自立，感恩和报效祖国。

为了让高三学生顺利参加高考，刘校长多次与长虹公司董事长赵勇讨论研究，制订方案，在非常困难的条件下，短时间内创造条件让高三学生顺利在长虹培训中心复课。刘校长多次动情地对师生讲：“面对灾难，我们人人都应该有一个平和的态度，这样才能够让死者放心，让生者能够活得愉快，我希望天下的人都能够有机会幸福地走完自己的道路。”“我们幸存的师生会更加坚强地活下去，我们要记住帮助我们的人，我们怀着感恩的心，要作对社会有用的人!”

邓家军老师的女儿邓玲玲，也在地震中遭遇不幸，连女儿遗体都没见到的邓老师自 5 月 19 日复课以来，没离开学校一步，天天和学生在一起。“那么多学生失去了家园，学校是他们的避难所。作为老师，我不能轻易离开。”在体育比赛竞争和呐喊中，痛苦被暂时封存了——苟义国老师就在地震中遭受剧痛：3 岁的儿子在地震中遇难。他四处购买小铁环，组织经历劫难的学生做趣味游戏。“不能让他们老是沉浸在痛苦的回忆中。最好的办法，莫过体育”，他说。地震后一段时间，几乎天天都有篮球、排球和乒乓球等比赛活动。在老师们的带领下，音乐、美术、科技，包括社团活动都积极地开展起来。在学校板房教室，看到学生们在认真地办板报。在高三（1）班教室外，左右两张黑板上，分别写着“坚强与风雨共存”“健康与校园同在”。另一个班正在进行主题班会，主题是“拿什么告慰逝去的同窗”。《真心英雄》《超越梦想》《朋友》，一阵激越的歌声过后，同学们一个个站起来，诉说他们对某个同学的回忆以及将来的打算。“一定要努力学习，带着你未竟的梦想去飞。”

灾后，学校更加关注学生的个体差异，培养学生的主体性学习能力，打造优质高效的主体性课堂，使其成为学生成长绿洲。2008 年秋，学校先后邀请山东昌乐二中赵丰平校长、“教师报”山东站李炳亭主任、江苏灌南新知学校徐翔校长、翔宇教育集团的卢志文总校长等专家给北川中学教师讲授“如何打造优质高效课堂”；学校又先后两次派教师到山东杜郎口学校学习打造高效课堂的教学策略；学校邀请首都师范大学、西华师范大学、绵阳师范学院、沂蒙四中的 30 多位教师到北川中学指导课堂教学；市教育局又从市直属中学选派 37 位教师和领导来北川中学长期支教，帮助构建高效课堂，提升教学质量；绵阳市教科所教师在长虹培训中心系统地组织各年级、各学科的教研活动，将教室变成研究室，悉心培训北川中学师资队伍，使北川中学课堂教学呈现出新的起色。

二、茁壮成长，做自主成长的主人

（一）临危不惧，奋力抢救师生

灾难发生后，我们的学生临危不惧，和老师共同筑起了一座责任与友爱的丰碑；用青春的热血，成为茁壮成长的主人。

面对突如其来的地震，正在上生物课的申龙、王佳明帮助老师快速组织同学们撤离。随后他们又组织同学开展营救，用手掏、用木棒敲，很快在废墟中救出 4 名同学。为便于救助垮塌教学楼里的师生，他们组织同学在短短的一个小时内开了两条路，一条专门走担架，一条供救援人员进入。在王佳明和申龙等同学的努力下，总共救出 20 多名师生。他们还冒着余震给被困的同学送水，扶送受伤的老师去安全地带。晚上八点，同学们自发分组，王佳明为第三组组长，参加运送伤员、遇难者遗体以及送氧气瓶和小型机械等工作。第二天早上，帮救援部队抬帐篷、向受灾群众分发食物。向绵阳转移时，由于所有老师仍在救灾，申龙、王佳明担任了临时班主任，组织同学们安全抵达目的地。6 月 27 日，申龙、王佳明被中央文明办、教育部、团中央、全国妇联联合表彰为“抗震救灾英雄少年”。2008 年 7 月，申龙、王佳明分别被北京大学、清华大学录取。

安全撤到教学楼后，高三学生任秋明发现老师和同学正在积极救援其他人，他立即参与到救援活动中，在此期间，他和同学刘金明发现了一个缝隙中有一个女同学在喊救命，立即过去，一边安慰同学，一边捡递砖块，并和同学们一起找来钢锯换着锯卡住女同学的门框,大约10分钟后救出了该同学，并将其送到安全地方。然后又和同学一起搬砖头，发现两块预制板间有个女孩，手指已断，伤口流血，但没法施救，只好把板旁边的小砖头等移开，又找来木杠，与大家一起撬开预制板，任秋明同学钻进夹缝中，扒开了一些砖头泥块，但发现这位女同学的脚又被卡住，同学递给他钢锯，他用了一个多小时才锯掉了五根椅子脚，这才将这位女同学救出。同时，他又拉开阻挡物，把陷在夹缝中里的另外两个女同学解救出来。5月13日，任秋明又协助护送病人去绵阳520医院，帮助照顾伤员，参加志愿者活动，直到5月19日复课才返回学校。

大地震发生时，高三（1）班的团支部书记唐奎同学正在上英语课，强烈的摇晃把同学们都吓呆了，唐奎同学和老师一起稳定大家情绪，叫大家不要惊慌，保持镇定，注意自我保护，不要乱跑，强烈的地震使教学楼下沉两层，他们所在的三楼变成了一楼，强震后，他带领全班同学从窗户安全撤离到运动场，并迅速清点人数，幸好没有人员伤亡。但旧教学楼夷为平地，新教学楼一、二楼，七个班的学生大部分被埋在了楼下，他立即组织班上的男生赶到旧教学楼，冲上废墟，听到到处都在喊救命，看到很多已遇难的同学，他和同学们没有被吓倒，而是坚定、勇敢地开始救人，用手扒，用棒撬，用肩顶，用身体与垮塌的钢筋水泥作斗争，从地震发生到晚上十一点一直没有停过，他们在废墟中陆续刨出二十多名同学，背出几十名遇难学生尸体。没有吃的，没有喝的，他们回到操场休息一下，又组织男同学到旧教学楼和家长、老师、救援人员一起打洞，救助被埋在一楼的学生。在余震不断的废墟下，他和同学们没有退缩，没有被吓倒，一直干了一个通宵。

秦睿婷，一个娇小的女生，被埋在废墟中，历经三天三夜与死神的抗争，在几近虚脱时，被武警官兵救出。当第一缕光亮刺向她的时候，她于半昏迷半清醒之间，使出全身的力气："别管我，快，快去救他们！那里有我们的老师和同学，他们还活着。"

高一（8）班的母全浩与其余三个男生将压在身上的大木板抬起，以免压到里面的初中学生。余震一停，县政府后的山体崩塌，母全浩就与学校领导一起组织女生和小同学先行，将集合在草坪上的人员疏散出县城，成功自救。

地震发生后，高一学生晏鹏被压在废墟里。过了 10 多分钟，他开始叫喊离自己最近的同学，一起向外发出求救信号，但是没有回音，他们就互相鼓励，顽强坚持。第二天被救出时，他感到全身疼痛，但想到那些还被埋在废墟中的同学，便不顾一切冲进废墟，呼唤同学的名字，给他们喂水……不幸的是，当余震袭来时，他再次被埋进废墟，两天后被人们救出时已不省人事。他的右腿肌肉已经坏死，必须高位截肢，医院却联系不上他的父母，16 岁的晏鹏同学，在手术单上签下了自己的名字。

地震发生后，王亮刚爬出废墟就立即救人。听到王亮的声音，埋在废墟下的三名女同学大声呼喊，王亮透过缝隙喊道："别怕，马上就找人来救你们！"两个小时后，人们在废墟中挖了一个小洞，王亮自告奋勇爬进去，刨开压在一个同学身上的砖头，把她送出来，但他却搬不开压在另外两个同学身上的石板，只得爬出来求援。废墟里只剩一名同学的时候，王亮再次爬进去，不停地跟她说话，脱下衣服垫在她头下……凌晨，同学获救了，最后爬出废墟的王亮背部受伤、左腿流血。6 月 27 日，王亮同学被中央文明办、教育部、团中央、全国妇联联合表彰为"抗震救灾英雄少年"。

脚被砖块卡住不能动弹，凭着顽强求生的信念，颜清丞同学摸到一截钢管，撬起压在自己身上的天花板，透进阳光和空气，为身边被压的老师和同学争得了生还的分分秒秒……

地震爆发之时，高三年级九个班的学生在老师极有秩序的组织下撤离了险地。591 名师生成为自救的主力军。男生们在学校老师的有序组织下，到废墟去抢救被困人员，女生们则承担起护理、安慰伤员的重任。在救援人员到来之前，北川中学师生自己组织救出的师生达 200 余人。

（二）不再流泪，我们要考大学

5 月 14 日，在社会各界的支援下，幸存的 1290 多名学生安全撤离到绵阳九洲体育馆，然后又被整体转移到长虹的虹苑大厅和长虹职工活动中心，高中三个年级 800 多学生在一个大车篷里自主复习、写日记。目前，收录了北川中学从初一到高三近 200 名学生的日记的《坚强的理由——北川中学幸存学生手记》已经出版发行。

5 月 18 日，从晚上 8:00 到次日凌晨 3:00 多，高三学生自发参与，搭建了 60 多顶帐篷。19 日，冒着余震，北川中学成为灾区第一个率先复课的学校。复课仪式上，五星红旗在同学们的国歌声中冉冉升起，降半旗向地震遇难者致哀，当再一次看到曾经是那么熟悉的北川中学校牌被高高竖立起来时，师生们再也控制不住自己的情绪，个个泪流满面。我们的学生丧失了家园、亲人，在没有课本和学习资料的情况下，克服重重困难，坚持努力学习，以坚强的意志备战高考。

（三）遭遇厄运，我们更需努力

地震发生后，新的北川中学里增加了 42 名截肢少年，共有残疾学生 55 人。他们坚强地战胜伤痛，积极参加康复训练；在主动接受帮助的同时，努力学习今后生存所需要的文化知识。8 月 29 日，在高二（2）班教室刘亚春校长、马青平副校长组织在校学习的 26 名残疾学生召开专题会议，了解、统计、处理残疾学生的具体问题。刘校长走到一个一个学生面前，了解伤情，并了解现在的学习、生活等情况，亲自搀扶学生试着走一下路。希望同学们按照科学的方法，按照医生的叮嘱，按时吃药，按时治疗，一定要让伤口在天冷之前好转，同时期望同学们努力克服困难，勤奋学习，要相信自己一定是对社会有用的人，学校将通过各种渠道为同学们解决好一切问题。学校专门在板房区、有台阶处开辟了残疾人便道。

身着运动服的邓阳秋在自己的 QQ 空间里写下这样的文字：“人生如梦，一尊还酹江月！这是一个转折！一座天桥！你往哪里走？你得自己选！这今后的一切一切都得要靠自己！无论遇到怎样的挫折，你还是要走下去！这就是生活——过去种种美好的生活都已过去，要想再次拥有幸福就得自己奋斗！为生活为自己，要奋斗不止！。”地震发生时，邓阳秋奋力自救，酷爱打篮球的他，用左腿高位截肢的方式换回了生命。夏末初秋，邓阳秋穿着他的新“左腿”重新回到学校，在高二分班时，他选择了文科，“因为我最喜欢学地理了”。地震发生后，从全国各地赶来灾区的心理医生，为这些受难的孩子们做了专业的心理干预治疗。“他们让我们先说话，再据此分析我们的心理状况。他们安慰我们时说的话都很到位。”自从那以后，邓阳秋也开始试着读一些心理学方面的书籍，如《现代心理学》《九型人格》等。目前，邓阳秋协助老师组织管理残疾学生的帮扶工作。

阳光女孩魏敏在重庆进行截肢后进行康复训练时，她一只手拿高中课本学习，另一只手在输血浆。拿书那只手的胳膊和大拇指还有些麻木，靠每天按摩恢复知觉。她很喜欢阳光女孩那几个字，她给同学发信息，说她是阳光女孩。魏敏是农村女孩，她身上没有城里女孩的优越感，她看上去很满足也很知足。

袁孝伟永远失去了右臂，但他是活下来的幸运者。8 月 21 日，他从重庆西南医院出院回到临时安置在绵阳长虹培训中心的北川中学的第二天，参加了复课。“我要考大学，虽然残疾了，但我不是废人!”“我的身体残疾了，外语成绩还有欠缺，但我心中燃有希望，一定要考上理想的大学。中国体育健儿在奥运会上创造了金牌奇迹，我们为什么就不能像他们一样，克服苦难创造奇迹呢？”这个朴实的北川羌族自治县乡下孩子的眼神执着而坚定。

高二学生晏鹏在参与救援同学时被砸伤，右腿被截肢，身体上的疼痛和心理上的伤痛没有击垮他的昂扬斗志，他始终坚强、乐观地面对生活。其他健康的同学志愿组成了“1+3 帮扶小组”，在生活和学习上，都会给予伤残学生长期的帮助。

由于在地震中长时间受到挤压，被埋废墟中整整 24 小时，衡永红左右小腿肌肉几乎完全坏死，右腿神经也受到损害。经过三个多月的治疗，目前膝盖以下依然没有知觉，还不能站起来。7 月 25 日到绵阳后，开始了漫长的锻炼和理疗过程。衡永红等不下去了，她要回学校去。学校从县城转移到九洲体育馆，再到长虹培训中心，板房教室竣工，首次复课……即便在重庆，她也没放过任何一条关于北川中学的消息，老师同学随时都在给她“通风报信”。8 月 20 日，苦苦等待近一个月后，学校终于开学了。心急火燎的衡永红当天就要出院到学校报名，医生无论如何也不允许，因为按照治疗方案，一年内，她都必须在医院接受针灸、按摩等物理治疗，以促进双腿的功能恢复。几番权衡，她最终决定：半天上课，半天治疗。为了多上几节晚自习，她特意将治疗时间定在上午。“只要把晚自习利用起来，实际上也是一整天了。”8 月 21 日，等她赶到学校时，大家围在一起，不断地相互拥抱。衡永红说，那一天，是她地震后最快乐的一天。因为无法行走，上下课时，同学们抢着为她推轮椅、倒水，甚至轮换着为她按摩腿部。“这里连空气的味道都是熟悉的。”

15 岁的吴俊原是北川县坝底中学学生，地震时，他从三楼跳下，双脚跟骨粉碎性骨折。由于到绵阳的道路短时间无法抢通，他被紧急转移到茂县抢救，而后又转到绵阳市中医院治疗，尚未康复的他很可能终生残疾。新学期开始后，这个俊朗的少年选择到北川中学读书：“我觉得，有同样经历的人会有共同语言。”

(四)感恩行动，告慰亡灵

全校以感恩节为契机，广泛开展了以“心存感恩 成就人生”为主题的感恩系列教育活动，让学生学会知恩、报恩、施恩。学校广播里每天播放感恩主题歌，《感恩的心》《说句心里话》《母亲》《父亲》等。开展感恩征文活动，学习“二十四孝”活动，开展感恩格言活动。

2008 年 1 月 12 日，北川中学 20 多名学生到绵阳龙门敬老院打扫卫生，写对联，和老爷爷、老奶奶聊天，进行文艺表演。1 月 15 日上午，校园内传来一阵阵歌声。“折一千对纸鹤，结一千个心愿……我的心不后悔，折折叠叠都是为了你……”高三（1）班 54 名同学做贺卡、做纸鹤、做小船，把一串串相思汇聚在小小的贺卡和纸鹤上，寄给在地震以后关爱他们的人。寒假，学校与长虹集团公司联合举办了“我们是一家人”感恩活动。通过这些感恩活动，让学生真正学会感恩，回报社会的关爱。

说服爸爸“和援建者一起过春节”。初二（3）班的巩涛长着一张乖巧的娃娃脸，但说起自己假期的安排时却是一脸的坚定：“除了多做一些家务外，我想说服爸爸，让我和援建的叔叔阿姨们在一起过春节，表达我心中的感恩。”巩涛说，地震发生后，她的家毁了，没有吃住的地方，但山东援建者的到来，让她和许多面临同样困难的家庭得到了极大的帮助。

毕业照不能缺席的班主任。36 张花儿一样的笑脸，36 个豆蔻年华的学生。嚓嚓嚓，9 月 10 日下午 5：50，北川中学临时校址绵阳长虹培训中心篮球场边的草地上，一张延迟了三个多月的班级毕业照在 36 个同学的微笑中定格……他们手持班主任、英语教师何海平的遗像照毕业照。他们从“5·12”特大地震中死里逃生，仅仅 120 天的短短时间，学生们就从毁灭性灾难的阴影里坚强地走出……

相约废墟“祭奠亡灵”。高二（5）班学生凡凌，寒假回家后，她在家里只待了一天，14 日上午就与几名同学相约去了北川，“一到县城，我们去的第一个地方就是我们原来的中学所在地”。凡凌说，在学校废墟，他们遇上了许多同学，大家来旧址都是一个目的，“有些老师、同学在这里离开了我们，我们想来看一下，表达对他们永远的思念!”同学们在伤痛之余，都表示要好好地活着：“面对灾难，我们必须学会坚强，只有这样，才能对得起各方的关爱。”

（五）顽强拼搏，成绩斐然

2008 级高三本来有 9 个班，地震后缩减为 7 个班。2008 年高考虽然延期一个月，但是整个灾后学生的心理压力很大，余震不断，学生心里非常恐惧。5 月 19 日复课后，老师们强忍着内心的悲痛努力工作。2008 年 7 月，我校 593 人参加高考，被各类高校录取 496 人。除了申龙、王佳明两名学生被保送北京大学、清华大学外，理科状元王德鑫被中国科技大学录取。北川中学取得高考优异成绩，与全校师生们顽强拼搏分不开。

我们将秉承先辈的革命精神，振奋精神，激发斗志，勇敢地战胜灾难，为把北川中学建设成为一所全国一流的学校而努力奋斗。我坚信，在党的领导下，在全国人民的支持下，我们必将昂起倔强的头颅，挺起不屈的脊梁，向前，向光明的未来前进！

参考文献

[1] 敖夏. 点亮学生心中的那盏灯——记海宁市职业高级中学“四选三择，多元成长”课改实践[J]. 职业，2015（35）：7-9.

[2] 汪海涛. 让学生在赏识中快乐成长[J]. 淮阴师范学院学报：自然科学版，2015（4）：358-359.

[3] 王倩倩，阮湘辉，任洁. 新常态下高校教师工作动机对青年学生成长成才的影响[J]. 佳木斯职业学院学报，2015（12）：253-254.

[4] 王琦. 用身边的实例引领学生成长[J]. 北京教育：德育，2015（12）：72-73.

[5] 王维. “四学课堂”，给学生自由成长的空间[J]. 语文教学通讯，2015（12）：58-59.

在校园文化建设中落实学生思想政治教育

平武县教师进修校　李元友

【摘　要】校园文化是学校精神的一种体现形式，也是学校思想政治工作的有效载体和重要途径。它涵盖了学校长期形成的校园风格、优良传统、价值标准，集中反映了学校的校风、学风和精神风貌等。校园文化建设是学校思想政治工作的有效载体和重要途径，同时思想政治工作也主导着校园文化建设的方向。因此，要大力加强校园文化建设，充分发挥校园文化在学校思想政治工作中的作用。

【关键词】校园文化　思想政治教育　校风

随着教育改革的深入推进，和谐校园建设、学生健全人格的塑造都与学校校园文化建设息息相关。良好的校园文化建设对于引导学生坚定正确的政治方向，提高思想道德素质，开发学生智力水平，增进学生身心健康，丰富文化生活，促进学生全面发展具有重要的意义。重视校园文化建设在思想政治教育中的作用，更新管理理念，发掘学校内在文化教育资源，加强校园文化建设，在校园文化建设中落实学生思想政治教育，充分发挥学校育人的主渠道功能，从而实现校园文化建设与思想政治教育的良性互动。

一、校园文化的内涵和功能

校园文化这一概念有狭义和广义两种理解。从狭义上理解，校园文化就是指校园艺术教育和学生课余文化活动，其主要内容是对学生进行文化艺术和审美教育，组织各类艺术社团，开展各种文化艺术活动，丰富学生的校园生活，提高他们的文化艺术修养、道德情操和审美情趣。从广义上理解，校园文化是指在长期的办学活动中形成的，为全校师生员工共同遵循的价值标准、基本信念和行为规范，其内容主要是教育方针、培养目标、校风学风，同时包括校园德育管理和文化艺术活动。综上所述，校园文化应包括学校的办学思想、价值观念、道德情感、传统精神、校风学风等内容，它们体现了学校特有的文化氛围和学校独有的人文精神。校园文化具有以下功能：第一，育人导向功能。我们的校园文化活动应是进行爱国主义、集体主义、社会主义思想教育的主阵地，应当引导广大的师生员工去追求真、善、美，促使师生员工正确世界观、人生观、价值观以及现代意识观念的形成和发展，体现健康、向上、乐观、纯美的人生情趣和人生态度，促进学校教育目标的实现。第二，渗透和熏陶功能。校园文化是校园主体精神的展现，良好的学习和生活环境、健康向上的校风和学风是一种无形而巨大的力量，对人们潜移默化地发生着影响，使生活在其中的每个人都受到感染和熏陶。第三，管理和规范功能。校园文化集聚着学校发展过程中所形成的优良传统及制度文化，对师生员工的行为具有广泛的约束力。一方面，它通过既定的规章制度，规范师生员工的行为；另一方面，通过物质载体和文化活动所营造出来的环境氛围及其对人的心理所产生的辐射作用，使学校的每一个成员都强烈地感受到应该做什么，不该做什么，以及怎样去做，逐渐养成良好的行为和习惯。

二、当前学校思想政治教育和校园文化建设存在的问题

第一，重智轻德现象仍然比较突出。时至今日，有的学校中心工作仍然围绕着学生考试得高分这个中心，学生只要学习成绩优异，思想道德素质差些无关紧要，以学生的考试成绩论“英雄”，只重教不重育。同时，学校对学生的思想政治教育只停留在日常的管理工作上，忽视对学生思想政治教育具体内容、形式的深层次研究，缺乏适合学生年龄特征、形式新颖的教学内容。

第二，对校园文化建设的实质认识不足，对校园文化的功能认识不全。这种认识上的误区造成了不少人把校园文化建设仅仅等同于学校学生课外活动的补充形式，认为多搞几次学生文化活动，多举办几次文化艺术节就等于把校园文化建设好了。忽视了校园文化的导向功能、教育功能、激励功能、约束功能、凝聚功能。事实上，校园文化所营造的整体人文环境是学校重要的“隐性课程”，对学生的人生观、价值观、思想情操，道德观念等都具有十分重要的影响作用。

第三，校园文化特色不强。主要表现在办学理念不能客观反映学校的实

际情况；民主化、人本化的制度建设还有待加强；学生文化活动形式单一、内容单调，对学生缺乏吸引力；整体校园人文环境缺乏个性，没有形成学校独特的校园文化氛围，削弱了校园文化的影响力和育人功能。

由于以上现状的存在，使得校园文化的功能没有得到充分发挥，校园文化总体处于低水平状态。因此，努力建设特色鲜明、健康向上、内容丰富的校园文化，发挥其在思想政治教育中的作用显得十分迫切和重要。

三、正确认识校园文化与思想政治教育的关系

1. 校园文化是思想政治教育工作的有效载体

校园文化是以课堂文化和课余活动为主要形式的，以校园为空间的，多方面、多类型的文化活动，它通过特定人文环境的熏陶和渗透，将其长期培育和积淀的专业精神与传统作风，内化为该环境中人们共同的理念追求、价值标准和行为规范，并不断作用于全校师生员工，为思想政治教育工作打下了良好的基础，进而实现以德育人的目标。校园文化是一种特殊的育人氛围，重在潜移默化地进行渗透和教育。无论学生愿意与否，只要长期置身其中，都会在不知不觉中受到校园文化所倡导的精神、所形成的氛围的熏陶和感染，并将这种精神逐步地内化为个人的思想意识和行动。

2. 思想政治教育工作主导着校园文化建设的方向

思想政治教育对学生价值观、道德观及个性培养上是起导向作用的。校园文化中丰富多彩的活动充实和发展了学校思想政治教育的内容，校园文化中起导向、灵魂作用的学校思想政治教育又影响、改造和创新着校园文化。因此，我们必须将思想政治教育寓于校园文化活动中，实现校园文化与学校思想政治教育的良性互动。

四、加强校园文化建设，提升思想政治教育

良好的物质文化可以熏陶人，严谨的校园制度文化可以铸造人，健康的校园精神文化可以教育人。建设和谐的校园文化，应成为加强和改进学生思想政治教育的一个努力方向。

（一）建设和谐校园物质文化，使之成为一种富有影响力的思想政治教育的隐性课程

良好的物质环境可以产生良好的德育效果。良好的、富有个性的校园建设，如错落有致的山水花木、亭台楼榭，隽永质朴的文化石、名人塑像，活泼多样、精彩纷呈的壁画彩照，结构合理、布置精美的宣传走廊、学校文化长廊、校史展览室等。一方面可起到美化环境、装点校貌的作用；另一方面又能以其独特的物质文化形态影响学生，起到陶冶情操、净化心灵的作用。让学校的每一面墙壁都会说话，让校园绿荫小径及其所环绕的每一簇花草都能展现善与美，使之成为一种富有影响力的学生思想政治教育课程。

（二）完善校园制度文化建设，为思想政治教育提供发展平台

校园制度文化是校园文化的内在机制，包括学校的传统、仪式和规章制度，是维系学校正常秩序必不可少的保障机制，是校园文化建设的保障系统。一所学校必须有严格完整的规章制度和组织纪律，才能培养和锻炼师生严谨求实的治学精神和人生态度，才有可能培养出高质量的人才。创建和谐的校园制度文化要切实开展文明礼仪养成教育，要深入开展社会实践活动，让学生在实践中遵守规则，维护公德，爱护环境，善待自然，真正做到“诚于中而行于外，慧于心而秀于言”，把内在的道德品质和外在的礼仪形象有机地统一起来，成为名副其实的有较高道德素质的现代文明公民。

（三）开展丰富多彩的校园文化活动，让校园精神文化全面开花

作为校园的核心文化，和谐的校园精神文化可以潜移默化地把外在要求内化为对学校成员的自我要求，使其逐步建立正确的人生观、世界观，形成优良的个性品格。

要想把思想政治教育工作真正融入学校校园和学生的学习生活，除了要加强常规的宣传和教学外，更重要的是建设丰富多彩、健康向上的校园文化，全方位地优化学生思想政治教育的环境。全方位多渠道，开展形式多样、丰富多彩的活动，最终实现的是不可低估的育人效果。要让丰富多彩的校园文化活动成为校园文化的一道亮丽的风景线，成为学生思想政治教育的有效途

径。要充分给予学生发挥和创造的空间，增加参与深度与广度，体现每个学生的主体性，从而使得校园文化活动更加富有吸引力和实效性。通过深入广泛地开展校园文化活动，调节校园文化氛围，打造学校的办学品牌，提高教育服务育人的功能。

总之，校园文化建设与思想政治教育是相互独立而又相互渗透、相互影响的。校园文化是学校精神环境和文化氛围的产物，是开展学生思想政治教育工作的重要阵地。坚持校园文化建设与思想政治教育相结合，确定以“育人为本、德育为先”的教学思想，继承与创新相结合，教育与自我教育相结合，利用校园文化建设，努力加强和改进对学生的德育教育和思想政治教育，从如何做人、如何做事入手，把人才培养作为根本任务，立德树人。和谐的校园文化在熏陶学生的同时，必将极大地激发他们的社会责任心和回报社会的使命感。因此，我们要努力构建和谐的校园文化环境，潜移默化地影响学生，增强思想政治教育效果。

参考文献

[1] 学校文化建设网. http：//www.xxwh.net/hangye/2014-07-21/249.html

[2] 汪惟雪. 如何加强高校校园文化建设[J]. 三峡大学学报：人文社会科学版，2009（S1）.

中小学学生运动性猝死原因、预防和家校调解

四川省江油中学　杨永平

【摘　要】本文对某县三起青少年学生运动性猝死的案例进行回顾性的调查与分析，结果显示：心脏的器质性疾病和心血管结构异常、缺乏科学指导的过度运动、过强的心理应激、运动健身常识的匮乏以及学校运动安全意识较为薄弱等是学生运动猝死的原因。学校对此的预防与对策包括：及时识别可能发生运动性猝死的高危学生群体；建立运动前的“互动告知”制；加强特殊运动保健知识教育；普及运动现场的急救知识与方法等。分析了在解决家校调解中的现实矛盾和法律缺失。

【关键词】运动性猝死　预防与对策　家校调解

一、问题的提出

近年来，学生在上体育课或参加学校组织的体育锻炼活动时突然死亡的不幸事件时有发生。家长认为孩子平时身体健康无疾病，却突然死亡，实在难以接受；学校认为这是突发事件，防不胜防，学校没有责任。那么，此类校园人身伤亡事故有什么特征？可否采取措施加以预防？有无现场救护的办法挽救学生生命的可能？学校在这类事故中承不承担责任?家校在解决此类赔偿或补偿时有什么分歧？适用法律有何缺失？

我们先看某县几个典型案例：

案例一：2011 年某日，星期一，某县一初级中学，一个男生在早上起床后，自行在操场跑步，跑步过程中突然晕厥倒地，其他同学发现后报告值周教师，值周教师无法处置，迅速拨打“120”，但就在不远的医院救护车赶来后该男生经抢救无效死亡。医院诊断为心源性猝死。

案例二：2015 年 6 月某日，星期一，该县一村小，六年级一个女生，该班体育委员，该校篮球队队员，在早上出早操过程中，跑步 200 米左右时，突然晕厥倒地。值班老师拨打“120”后，由县城派出救护车。由于县城太远，等了十多分钟后，又找车往县城送，中途遇到救护车交接。后该女生经抢救无效死亡。医院诊断为心源性猝死。

案例三：2015 年 10 月 12 日，星期一，该县某校高三某班上午最后一节体育课。体育教师安排需要请假的学生退出，组织学生做准备活动后，按照教学计划进行男生 1 000 米测试。一个男生跑完 1 000 米后不久就晕厥倒地。体育教师进行现场处置后，考虑到正值放学时段，周围三个学校同时放学，交通拥堵，救护车不易进来，未打“120”，而是安排其他学生将该生平抬着步行十分钟左右送就近医院，后该男生经抢救无效死亡。医院诊断为猝死。

在案例一中，亲属认为学校一味等待 120，未积极往附近医院送是主要原因。案例二中，亲属认为学校可以就近找村卫生所，而不应舍近求远。案例三中，亲属坚持认为学校处置不当，没有校医，应负全责，并不做尸检。

二、中小学学生运动性猝死的原因和预防

（一）什么是运动性猝死？

上述几例学生的不幸死亡事件，尽管具体情形有所不同，但都有几个共同特点：在进行相关体育活动；短时间内心跳骤停死亡；未受到外部创伤；平时身体健康。这属于医学上典型的运动性猝死。所谓猝死，顾名思义，即突然死亡，又称急死、非创伤性急死。国际卫生组织将猝死定义为：急性症状发生后即刻或在 24 小时内发生的意外死亡。运动性猝死是与运动有关的猝死的简称，即 24 小时内发生的非创伤性意外死亡。尽管目前对运动性猝死发生的时间范围尚无统一的界定，时间由 30 秒到 24 小时不等，但就其特征而言，有三个基本点：过程自发；意外发生；进展迅速。患者从发病到死亡也就在几十秒、几分钟之内，这是运动性猝死最重要的特征。发生运动性猝死，多数都是“正常的运动死亡”。所谓“正常的运动死亡”，是指相对于已经发现的心脏等疾病，在平时没有被发现，而在运动中突然发作造成的死亡。

（二）校园青少年学生运动性猝死原因的调查与分析

1. 运动性猝死的内在原因

（1）心脏器质性疾病和心血管结构异常是直接原因。

日本心脏财团的研究小组对本国 1984 年至 1988 年间发生的 624 例体育活动猝死现象进行了专门的病理资料分析，其主要结论是，无论是中老年人还是年轻人在体育活动中发生猝死，其主要内在原因是心血管系统患有不同程度的进行性疾病所至。从三个案例可见，对于一个患有心血管疾病和器质性异常的学生，正因为他们的心脏是病态的，在平时安静状态就要比别人多吸收更多的氧气，才能维持正常的心脏活动，一旦处于运动状态，他们极有可能因为心脏承受不了突然过大过强的运动负荷而发生猝死事故。这种病因引起的运动猝死诱发因素往往是运动过程中人的精神高度紧张或过度劳累，这种过度的紧张状态并不单指精神上，而是指一次性的运动量超出了人体所能承受的最大负荷，出现的一种急性病理状态。

（2）缺乏科学指导的过度运动是诱因。

研究表明：过度运动引起体内儿茶酚胺增多，使心肌需氧量增加，心脏负荷突然加重，促使潜在的心脏疾病发作；而剧烈运动时，自主神经系统平衡失调及心肌电解质钾、钠离子的变化，心肌传导系统即兴紊乱，而导致心源性猝死。运动生理学家弗里德曼等人认为，运动过度和体力不足容易引起心肌梗死并导致猝死的发生。尤其是在接近终点时易发生猝死，可能与机体处于衰竭状态有关。许多学生平时学习繁忙，没时间或不喜欢体育锻炼，长时间缺乏锻炼造成耐力下降体力不足，但由于的体育分数与升级奖学金挂钩，对学生有较大的压力。为了应付体育测验，不得不临阵磨刀，使得他们在短时间内突击进行大运动量的锻炼，甚至不顾身体状态在体育测验时猛拼。突然加大的运动量会给身体造成很多潜在威胁，特别是对患有潜伏性心脏病的学生其危险性更高。这就加大了耐力项目的锻炼和测验时猝死发生的概率。

（3）运动性猝死的潜在诱因。

一是特殊的运动心理。在比赛中许多学生往往具有较强的兴奋性和表现欲望，此情感一旦表现强烈时，将出现身体和心理的“忘我”，使机体的疲劳感和疼痛感受到抑制。正是这种特殊的情感体验掩盖了超负荷下的身体疲劳，使已疲劳的肌体没有疲劳感，因而运动量不断增加，以致超出身体限度引发猝死。

二是过强的心理应激。体育考试及体育游戏虽然运动量不大，但运动强度较大、竞争较激烈，对学生有着强烈的心理应激。研究表明：情绪激动时，血液中儿茶酚胺增多，增加心室颤动的易损性和激发冠状动脉痉挛。

2. 运动性猝死的外在原因

（1）学生体质下降。

在升学考试的压力下，一些中小学的体育课常常被文化课挤占，学生缺乏体育锻炼，导致中小学生的体质下降；再加上网络游戏、手机终端等改变了学生的游戏方式，许多学生平时不喜欢体育锻炼，不喜欢活动游戏，常常无规律上网，并养成周末睡懒觉和不吃早饭等不良生活习惯，这些都影响了他们的身心健康，为青少年学生运动性猝死的发生埋下了隐患。

（2）学生运动健身常识匮乏。

学生片面地认为只要运动就对健康有益，不顾身体发出的各种信号，一意孤行地运动，在运动时可能出现胸闷、气促、心慌、头痛、恶心等情况，往往以为这是运动过程中的正常反应，不予理睬也是导致运动猝死的重要原因。更有些同学只是为在学校的思想测评中加分而盲目参加运动会比赛。不关心自己有没有进行过系统锻炼或是否有运动病史等。

（3）体检存在不足。

由于医院体检条件限制，每年的体检只是进行常规性健康体检，特别是一部分新生在入学体检时，由于种种原因，隐瞒自己的病情，没有如实告诉体检的医生和体育教师，一些身体有疾病和有隐性疾病的学生就这样蒙混过关了，这些都为青少年学生运动性猝死的发生埋下了隐患。

（4）处理不及时，丧失抢救机会。

案例一中，现场没有人会最基本的抢救方法。案例二中学校离医院太远。三个案例中学校都没有校医。因为现行学校编制中只有大学有校医编制，中小学没有校医编制，只有卫生保健室。案例三中体育教师有急救常识，但偶尔遇到的只是一般性昏厥，况且其又不是专业医生，在最初判断病情时有一定困难。

（三）校园青少年学生运动性猝死的预防

1. 及早识别可能发生运动性猝死的高危学生群体

所谓运动性猝死高危学生群体是指患有心脑血管疾病，或有严重的其他疾病的人群，或有所谓冠心病危险因素（如高血压、高血脂、高血糖和不良生活习惯，如缺乏体力活动等）的人群，或有猝死家族史的人群。首先，每个学生有义务告知班主任和体育教师自身身体的情况，特别是患有心血管疾病的同学不能隐瞒自己的病情。其次，加强高危学生群体入学及一年一度的体检。因为运动性猝死者中多数都有心脏疾病，如心肌炎、心脏肥大等，而这些在普通体检中很难被发现，有条件最好进行心肺功能的全面检查。最后，针对高危学生群体建立心脏健康卡片。通过建立高危学生群体心脏健康卡片，体育教师就能基本了解自己所教授学生的心脏情况，为有效预防学生运动性猝死建立第一手资料。

2. 注意观察高危学生群体运动性猝死的先兆症状

据国外报道，运动性猝死前有 50% 的人会出现发热、胸痛、胸闷、胸部压迫感、头痛、气急、肠胃不适、腹泻、极度疲乏等前驱症状。在运动过程中，如果出现晕厥、胸闷、憋气、心脏有压迫感等现象时，这些征兆可能是运动性猝死唯一临床表现。因此，体育教师要了解学生运动性猝死的前期症状，知道如何密切观察学生运动时和运动后出现的各种不适症状或发生意外时应该采取的正确措施。在教学过程中要特别有意识地观察高危学生群体的身体状况，假如学生在练习中出现脸色发白同时出大汗、嘴唇发紫以及心律不齐就不要让其坚持运动，以免意外的发生。如有感冒、发热、身体不舒服、例假等，应及时让学生请假。特别是在体育测验时，教育学生不要为了体育成绩勉强去参加，以免出现意外。

3. 加强高危学生群体特殊运动保健知识的教育

在跑步锻炼时宜慢不宜快，要保持呼吸通畅，避免“极点”的出现；跑步结束时不要马上休息，要继续慢走，防止“重力性休克”的发生；避免在过热和过冷的环境中进行锻炼；运动时不能大量喝水，会加大心脏的负担；运动后，不要马上洗热水浴，热水浴使全身血管扩张，需氧量激增，这些都有可能引发猝死。要知道如何密切注意自己运动前、后出现的各种不适症状，特别是在运动过程中出现较明显的胸闷、压迫感、气促、心慌、极度疲劳等症状，也许这些是发病的前兆，应及时停止运动。感冒、急性扁桃体炎、麻疹、发热患者应避免体育运动，要及时就医以免导致病毒侵袭，引发心脏疾病，从而导致心血管意外而发生猝死的现象。

4. 指导高危学生群体对其心脏功能进行自我监控

自我监控是最简单的预防方式，由自我观察主观指标以及客观数据等组成，主观指标一般包括自我感觉、工作能力、心悸、气短、心区疼痛、睡眠等。自我感觉能反映心血管系统的状况，出现心悸、气短和各种心脏不舒服感觉对观察心脏的活动很有帮助。可以自我检测脉搏情况，因为脉搏的测量简单易行，让学生学会利用脉搏检测自己心脏变化情况，一旦自我感觉身体不适时，应及时就医检查。而心率失常使脉搏的正常节律发生变化，对于爱运动的学生来说也许可能是正常的生理现象，也有可能是机能紊乱及心脏疾病引起的，若吸气时心率加快，呼气时减慢，闭气时现象消失这是一种正常的生理现象，不必要为此惊慌。否则就是病理现象，应引起高度的注意。

5. 对高危学生群体的体育教学应重点指导与监督管理

首先，体育教师应对高危学生群体在参加体育运动前建立“互动告知”制。既学生应主动告知自己的身体状况，而老师也应该把运动对身体的影响和不良体质所产生的恶性后果主动告知学生。其次，要针对高危学生群体的身体状况，制定适合他们的运动处方，避免学生对运动性猝死产生心理恐惧。最后，要有意识、有责任监督他们遵循体育锻炼基本原则。如运动前应做好准备活动；运动的强度要循序渐进；运动后要做好整理活动；在选择的运动项目上不能太剧烈；竞争不宜过强，时间不宜长；要杜绝进行大强度的无氧代谢运动；在运动量的安排上要注意其运动负荷的适当，一般应控制在心率 100 次/min 左右为宜。

6. 加强普及运动性猝死的急救知识与方法

运动性猝死病程短，发病突然，防不胜防。一旦出现，在现场及时抢救和开展心肺复苏是降低猝死率最为有效的措施。研究表明：运动性猝死发生后，94%复苏成功者是在心跳停止后 4 分钟内被抢救过来的，超过 4 分钟者均有严重的神经后遗症，大于 10 分钟者，几乎无一人获救。可见猝死一旦发生， 在与死神搏斗的短短几分钟的时间内，靠的不是专业救护人员，而是老师甚至是学生。因此，在师生中加强普及运动性猝死的急救知识，特别是掌握心肺复苏术的技能，在运动现场中一旦发现学生突然意识丧失而倒地时，师生就可以在最短的时间内开展积极有效的抢救。如将学生平卧，拍击其面颊并呼叫，同时用手触摸其颈动脉部位以确定有无搏动，若无反应且没有动脉搏动，则立即进行胸外按压和口对口的人工呼吸，这些基本的救治措施应持续到专业急救人员到场。

三、学校和家属在处理协调中的矛盾

学生运动性猝死一旦发生，学校与家属协商解决时，可能存在以下问题、分歧和矛盾。

第一，学生家长在思想、心理、情感上往往长时间难以接受现实，从而把怨气、责任推到老师、学校头上。认为把娃娃好好地送到学校，现在突然没有了，学校就是应该负责任。从而较长时间围攻或纠缠学校和老师，影响学校正常教育教学工作。而学校认为事发突然，又没有加害方，也不是学校设施设备造成的，学校没有责任或责任很小。

第二，在学校老师的初步处置方式、方法上，学生家长往往纠缠于救治是否及时，方法是否得当。案例一中家长认为学校不应消极等待救护车，而应主动抬到就近医院，是学校耽误了抢救时间；案例二中家长认为可以先送村卫生所，而不应舍近求远；案例三中家长认为体育教师处置不当，应打 120，不应该抬到医院。作为学校来说，也很委屈，毕竟体育教师不是专业救护人员，一般教师在面临此事时也不可能临危不乱。学校教师主要职责是教书育人，在判断学生是否猝死上有困难。

第三，在学校对家长补偿或赔偿时，没有适合的法律能够解释上述三个案例中学校在处置上是否得当，若不得当应负多大责任，或是否应当补偿，按什么比例补偿等。

第四，一些家长自认为自己是弱势群体，往往不走法律途径，信访不信法，抱着把事态闹大的想法，给学校施加压力，甚至围攻、围堵学校，而学校也抱着花钱买平安的想法，花钱解决问题。

四、结论与建议

运动性猝死的预防迄今仍是运动医学中一个尚未解决的问题。我国学者李之俊等在 1999 年的研究发现：在 40 例运动性猝死的病例中，大中学生已经占到一半，有 20 例。国外学者 Marson 于 1982 年整理了 158 例运动性猝死的资料，发现中学生占 62%，大学生占 22%。由此可见，青少年学生运动性猝死发生概率明显高于其他运动群体，这表明学校体育活动的开展在很多方面还不容乐观。尽管运动性猝死是生命的危险杀手，猝死发生很突然，但我们认为校园青少年学生运动性猝死现象的发生，大多数都是有因可查的，并非不可防范。随着学校学生人数的不断增加，身体异常的学生，包括尚未发现隐性疾病的学生人数也会增多，他们的运动安全问题日显突出。如不加强对这部分学生体育锻炼的科学保健指导，他们在体育活动中就极易发生运动性猝死的现象。因此，提出以下几方面的建议：

第一，学校应开设心肺复苏术的校本课程，对师生进行心脏按压和人工呼吸等急救技能的培训。

第二，应把意外运动事故的预防和急救演练纳入体育的必修课中，如一旦发生意外，师生即使身处紧急情况也能处变不惊。

第三，加强体检的力度，对学生的身体进行严格的监测检查，以确认潜在心脏功能与心血管结构是否异常。

第四，体育教师要了解和掌握运动性猝死的定义和发病原因，以便在体育教学和运动训练中采取有效的预防和监控措施，更好地履行自己的职责。

第五，国家有关部门要加强法律法规建设，制定专门的学校法来界定教师的行为，保障学校、老师和学生的合法权益，保证学校正常运行。

参考文献

[1] 徐昕．我国运动猝死调查研究[J]．中国运动医学杂志，1999，8（2）：99-102.

[2] 仇乃民．体育运动与猝死的关系及其生理学机制[J]．中国临床康复，

2005，9（48）：161.
[3] 刘波. 学生体育课猝死：专家提醒运动须预防措施[N]. 东南早报，2003-12-03.
[4] 李之俊. 上海和华东地区运动猝死调查[J]. 中国运动医学杂志，1999，18（3）：211.

用爱心与智慧铸就“责任育人”之魂

绵阳市丰谷中学　廖　刚

【摘　要】教育是塑造人类灵魂的活动，需要有思想，需要有精神，需要有特色。办人民满意的学校，就是要办能够为每一个学生健康成长奠基的学校，就是要办能够不断为每一个师生最优发展助力的学校，就是要办能让基础层次不同的学生都能享受到成功喜悦的学校，就是要办能用爱心与智慧铸就“责任育人”之魂的学校。

【关键词】责任　爱心　智慧　育人

丰谷中学创办于1944年，地处绵阳科技城南郊丰谷镇，是一所涪城区政府兴办的高级中学。它远离都市的喧嚣，近享田园的风光，偎依李白桃红的云盘山，临眺波浪滔滔的涪江水，七十多个春华秋实，半个多世纪文化积淀，学校为高校输送了大量优秀新生，为社会培养了大批优秀人才。现代教学技术顺利应用，使学校办学条件大幅提升。今天的丰谷中学更注重以责任为核心，以创新为动力，以质量为生命，以育人为重点，去创造更好的成绩，争取更大的辉煌。

学校占地面积约34 000平方米，拥有教职员工112人，特级教师1人，高、中级教师64人，市、区级学科带头骨干教师28人，省、市、区优秀班主任22人。在校学生1500余人，共设有32个教学班。

我校这届班子在上任时就响亮地提出了新的办学宣言：“用责任、爱心和智慧成就学生的美好明天”；提出了新的办学策略：“多元驱动、责任育人、低进高出、特色发展”。多年来我们始终坚持把宣言和策略作为学校一切工作的行动指南，引领全校教职员工艰苦奋斗、教书育人，引领全体学生厚德励志博学多才，引领学校开拓进取特色发展。辛勤的耕耘获得了丰硕的回报，办学成果的重要指标之一高考升学率由2009年的25%、2010年的67%、2014年的96.8%到2015年的98.6%。“低入口，高出口”办学目标的再次实现，充分证明用爱心与智慧可以铸就“责任育人”之魂。

一、创新精神，勇担责任，践行“爱心智慧”

教育是塑造人类灵魂的活动，需要有思想，需要有精神。学校教育带给人的最大作用，就是思想和精神面貌的改变。针对普高新课程改革的要求和学校特色发展的现状，我们的行动是：

（一）大力强化四种意识，即危机意识、责任意识、质量意识、特色意识

我们指的危机意识从学校层面讲就是要清醒认识在普高发展中，一所实力并不强的农村高中如何找准自己的发展空间；从教职员工层面讲就是要在普高新课程改革过程中如何迅速更新教育观念，转变教学方式，加速提升专业素养，以适应新课程改革的具体要求。

我们指的责任意识就是要求对工作对事业要有尽心尽意、尽职尽责的意识和行动。我们认为责任是一种能力、一种精神，更是一种品格。具体到学校工作中，对教师来说——教书是本分、育人是天职；对学生来说——学习是本分、成才是天职；对管理者来说——服务是本分、发展是天职。具有责任意识，实施“责任育人”，就是要求教师爱岗敬业、诲人不倦；要求学生奋发努力、刻苦学习；要求管理者勇于进取、敢于担当。

我们指的质量意识就是必须充分明确教学质量是学校生存和发展的生命线。必须明确校长是学校教育质量的第一责任人，教育质量是学校校长及其管理者领导水平、管理能力的集中体现。必须让全体教职员工明确教学质量是教师德、才、识、学的集中表现，并在具体工作中把提高质量与每个学生联系起来，与每个学生的每一堂课、每一次活动联系起来，让学生喜欢课堂和学习，学到有用的知识，懂得做人处事的道理，掌握生存与发展的本领，就是在提升教育质量。

我们指的特色意识就是“全面育人、教有特点、学有特长、各有强项”。真正为每一个学生的健康成长奠基；真正为每一个师生的最优发展助力。我们认为：教育要致力追求两种境界：第一，建立在社会需求的基础之上，叫作因需施教；第二，建立在充分发挥人的潜能基础之上，叫作因材施教。未

来的教育必将是这两方面特色的竞争和质量的竞争。因此，我校主要是从办学模式、课程设置、课堂改革、校园文化、责任教育五个方面着手形成独特、优质、稳定的学校风貌和育人效果。

（二）大力倡导四种精神，即科学精神、拼搏精神、创新精神、团队精神

1. 坚持实事求是、探索规律的科学精神

我校是一所基础薄弱的农村高中，必须坚持根据生源的特征来确定学校特有的教育目标和教学策略，同时冷静地分析学校所拥有的与欠缺的教育资源，从而更高效地配置与使用好教育资源，为学校走向复兴提供切实的保证，这就是我们坚持的科学精神。

2. 坚持追求卓越、拒绝平庸的拼搏精神

针对多年来办学条件和生源相对落后的状况，学校响亮提出了“同心同德、艰苦奋斗、追求卓越、拒绝平庸”的拼搏精神。我们认为：追求卓越是一种人生态度，是一种境界。作为薄弱学校，要又好又快地发展，就必须要有不薄弱的拼搏精神，必须要有不薄弱的发展思路。这是一个价值导向的问题。当然，我们这里思考的问题并不是弱者如何超过强者，而是弱者如何活出自己的精彩。我们认为：之所以薄弱学校的突围问题长期困扰大家，就在于我们总是以重点学校为自己的标杆，反而失去了自己的发展方向。

3. 坚持开拓进取、特色发展的创新精神

坚持开拓进取、特色发展的创新精神必须首先解放思想，用创新的思路谋划发展，用创新的精神凝聚力量，用创新的措施破解难题。因此，我们这几年的工作思路是：分阶段提出了重建规范、重塑信心，内强素质、外树形象，深化改革、特色发展等目标。在凝聚力量上，我们把“用责任、爱心和智慧成就学生的美好明天”作为办学宣言，深入推进校本研修，不断促进师生素质发展，激励全校师生奉献自己的爱心和智慧。在创新举措上，提出以推进特色建设为突破口，完善人才培养的多元模式；以校本课程开发为依托，为不同层次学生综合素质的提高创设空间；以坚持管理创新为主题，进一步

探求学校科学管理模式，确保教学质量稳步提升等策略。

4. 坚持合作互助、校兴我荣的团队精神

所谓团队精神，就是大局意识、协作精神和服务精神的集中体现。在工作中我们坚持以人为本，以制度为纲，尊重师生需求，关注师生成长，积极营造“校兴我荣”的观念和责任感，努力培育积极向上的团队精神，努力把学校建设成为学生成长、教师成长的乐园。为此，我们要求全校教职工在教书育人的工作中，尽责任、献爱心，只为成功找方法，不为失败找借口。

二、创新育人观，冲破瓶颈，实施“分层教育”

思想是行动的先导，理念是行为的指南。一所学校的办学理念，存在于学校的历史文化积淀，存在于地域文化对学校教育的影响，更存在于学校对教育的理想追求之中。

（一）以新课程改革为动力，解放思想，明确特色办学方向

2008 年秋学校以新课程改革为契机，更新思想观念，明确办学方向，在充分调研的基础上提出了：

（1）新的办学宗旨——为每一个学生的健康成长奠基；为每一个师生的最优发展助力。

（2）新的办学策略——多元驱动，责任育人，低进高出，特色发展。

（3）新的办学目标——把丰中办成学生成才、家长放心、社会满意，在全市有一定知名度的艺体特色品牌学校。

（二）以学生成长需要为出发点，分层教育，体验成功快乐

以人为本是教育规律的表现，是教育教学的基本要求。针对我校生源基础差的现实，我们的分层教育策略是：

1. 学校德育以“责任教育”为主线

根据高中生的特点，把“理想教育、养成教育、法制教育、安全教育、

感恩教育”等融合在一系列德育专题教育之中。以“整体推进、分步实施”为基本策略，通过学习研讨、体验感悟、实践参与等方法实现。一是培养学生正确的思想、良好的行为习惯和优秀的意志品质——让学生学会对自己负责；二是培养学生团结协作的观念、为人处世的协调交往能力——让学生学会对他人负责；三是培养学生热爱祖国、追求理想、奉献社会、遵纪守法的意识——让学生学会对社会负责。几年来，丰中学生正变得“待人有礼貌、做事守规矩、行为讲文明、明责知感恩”，逐渐具备“智慧坚毅、阳光大气”“独立能干、优雅大方”的素质。

2. 学校教学以尽可能满足不同层次学生的学习需要为原则

如何使教育教学适应学生客观存在的差异，使学生的学业成绩在原有的基础上得到进步与提高，个性品质得到最优发展，是我们面临的一个重要课题。

一是坚持“一个不放弃”的育人观，坚持“只有差异和差距，没有‘差生’（后进生）”的学生观，坚持“承认差异是前提，尊重差异是起点，培养差异是关键，发展差异是目标”的教学观，积极地引导教师认识到“转变一个后进生与培养一个优秀生具有同样重要的价值”。

二是按学生的入口成绩、平时表现、学科基础、学习能力和个人的意愿等因素，坚持进行班、组动态调整。以解决经常出现的“好生吃不饱，后进生吃不了”的问题。

三是教师在教学过程中，将教学目标分为一般要求、较高要求和更高要求。对学习有困难的待发展生要求掌握最基础的内容，对学有余力的优等生要求在巩固所学基础上运用知识解决问题。同时采取“学案导学，小组学习，个别辅导，异步达标”相结合的教学策略，对优生以“放”为主，放中有扶，重在指导他们自主学习；对中等生和待发展的学生以“扶”为主，扶中有放，重在引领他们学习。让不同层次的学生在各不相同的“最近发展区”前进，达到大面积有效提高教学质量的目的。

3. 学校管理以“努力就是优秀、进步就是成功”为评价标准

我校在教学管理上实行质量目标管理分级负责制。分别建立以年级主任为核心的年级负责制、以备课组长为核心的学科负责制、以班主任为核心的班级负责制。实行教师教学质量年段过关目标责任制。从起始年级抓起，分

科负责、分段负责，环环紧扣，层层推动，年段过关。要求所有的考核均以“看起点、比变化；重实绩、促提高”为指导思想，以“努力就是优秀、进步就是成功”为评价标准，坚持奖惩与目标考核挂钩，以此增强教职员工工作责任感，将管理落到实处。同时坚持实施学生综合素质评价，将操行之星、学习之星、特长之星等十项星级评比贯穿于学生的学习历程中，以培养学生良好的品德行为。充分利用各种考试，对学业表现进步大的学生进行表彰，以激发学生学习的积极性，努力营造奋发向上的学习氛围。

三、创新发展观，多元驱动，追求“低进高出”

新课程的价值取向是人的发展，并且通过促进人的发展来推动经济发展和社会发展。因此，只有树立正确的发展观，才能找到学校教育教学改革的突破点。

（一）确立多元驱动办学策略，开创普高学校分层办学新模式

通过对《国家中长期教育改革和发展规划纲要（2010—2020年）》的深入学习，我们明确了普通高中走特色发展之路，必须结合实际，充分依托学校自身优势资源，全面规划，寻找突破点和生长点，不断丰富和积累，最终形成特色。据此，学校创建了“多元办学”模式，即高考升学班——面向有志于普通高校升学的学生；艺体升学班——面向有志于艺术特长升学的学生；高职升学班——面向有志于高职升学的学生；特长发展班——面向有志于合格加特长的高中毕业生。目的就是尽量激发学生愿景，挖掘其潜能，培育其爱好，提升其信心，尽量让不同层次学生在不同层次的平台展示才能，收获成功的喜悦。

（二）以“低进高出”为追求，关注学生成长，提升综合素质

我校办学条件相对落后，生源质量不高曾一度制约学校的发展。如何解决生源差的问题，就成了学校改变面貌的关键所在。

面对现实，我们从思想上引导教职工分析：如果因为办学条件差就认为自己可以落后，如果认为生源差就可以甘拜下风，那么学校就只能在勉强维持的层面上徘徊，等待淘汰。要想在学校发展中有所作为，首先必须树立正

确的学生观和质量观，深刻反思我们的工作态度和工作方法，改变传统偏见导致的偏爱“老实、听话、成绩好的学生”，而对后进生则在情感上、精力上投入不够的状况。学校明确提出：“越是生源差，越需要教师有责任感，越需要讲究教育教学的方法。”“能把好学生教育成优秀学生的教师是优秀教师，能把后进生转化成好学生甚至优秀学生的教师更是优秀教师。”并要求教职员工以“低入口高出口”为追求，关注学生成长，提升学生综合素质。

“低入口高出口”作为一种办学思想和促进教学质量提高的目标追求，不仅解决了“低入口”学生学业基础差的问题，使其在结束高中学业时，达到高中毕业水平或达到高考升学要求，更重要的是还关注了学生成长，解决了“低入口”伴随的思想表现、行为习惯差等问题，使其在高中毕业时自身综合素质在原基础上有较大幅度的提高，达到高中新课程改革要求的水准。同时，“低入口高出口”对教师传统教学方式方法的改革，教学过程的优化，学校教学管理方式的改变也起着极大的促进作用。

去年秋季，绵阳市教科所专家一行十四人对我校进行教育、教学工作的视导，龚所长在与学校交换意见时指出：丰谷中学在近年的办学历程中出现可喜变化：该校“多元驱动、责任育人、低进高出、特色发展”的办学思路创新了普通高中办学模式。这种以生为本的改革推动了教学质量的不断提升，社会各界反响好。

特色蕴藏着优势，而优势体现着竞争力。实践证明：我校确定的“多元驱动、责任育人、低进高出、特色发展”的办学策略受到了学生、家长和社会的普遍欢迎。模式的成功实施，使全校教职员工更加坚定了“质量和特色是立校之本”。办人民满意的学校，就是要办能够为每一个学生健康成长奠基的学校，就是要办能够不断为每一个师生最优发展助力的学校，就是要办能让基础层次不同的学生都能享受到成功喜悦的学校，就是要办能用爱心与智慧铸就“责任育人”之魂的学校。

参考文献

[1] 廖刚.“低入口、高出口”办学追求的实践与探索[J].

[2] 廖刚. 多元驱动 责任育人 低进高出 特色发展[J].

繁荣社团文化，助推“绿色成长”

绵阳外国语学校　申俊树

【摘　要】学生社团是指学生为了实现会员的共同意愿和满足个人兴趣爱好的需求，自愿组成的，按照其章程开展活动的群众性学生组织，是我国校园文化建设的重要载体。绵阳外国语学校在育人过程中，注意发挥社团文化在学生健康成长中的作用。

【关键词】社团文化　学生成长　绵阳外国语学校

始建于2001年的绵阳外国语学校，是绵阳市教体局直属的集小学、初中、高中于一体的全寄宿、现代化、国际化品牌学校。学校占地约150 000平方米，共153个教学班，在校生7383人，教职工501人。学校是全国22所“合格外国语学校”之一，是“全国外国语学校理事学校”“全国素质教育先进示范学校”“四川省艺术教育特色学校”，以社团、科技、艺体、外语为特色，形成了素质小学、强势初中、精品高中的办学格局，在绵阳本地乃至巴蜀地区享有盛名。

目前，在各种不绝于耳的教育口号声中，对教学过程的改革、课程资源的开发、教学结果的评价等方面不乏好的探索。但是，我们即便把特色教育、素质教育、生态教育的口号喊得再响，落脚点也应该只有一个：打造成才的立交桥，实现成长的无限可能性和生命的丰富多彩性。因为，人是教育的尺度，学生参与的，才是他最需要的。尊重生命、发展个性已经成为时代的共同呼声。

绵阳外国语学校既博采众长，又独辟蹊径，以社团活动作为突破口，辐射教育教学全过程，促进学生学能提升，助推学生“绿色成长”，卓有成效。现在，从背景、办法、意义、效果、反思五个方面进行概括性的阐释。

一、命题提出的背景

绵阳外国语学校是集小学、初中、高中于一体的十二年一贯制学校，教育教学的连贯性，为教学改革提供了更大的空间。建校以来，强势初中的口碑，得到广泛的社会认同。初中部集聚的人才资源、文化资源、社会资源、课程资源是我们繁荣社团文化的物质基础。

当下，应试教育已经进入死胡同，这是我们共同的认识。“普九”硕果累累，“普十二”大势所趋。及时把握时代的脉搏，找到突破应试教育的窗口，是驱使我们立足教学改革的时代动力，也是我们繁荣社团文化的现实基础。

人人都有爱好，都想发展爱好；成长是在智慧引领下的个性发展；搭建创新的平台，拓展探索的视野；学习不仅是一种活动，更应该是一种生活；对综合素质的重视，是社会对学校教育的要求。这是我们繁荣社团文化的理论基础。

二、命题解决的办法

（一）建立组织

社团起初是在团委的倡导下自发组织起来的，达到一定数量和规模之后，再组建社团联盟。通过学校—学部—社团联盟进行垂直管理。学部对社团联盟进行引领、督促和规范。社团联盟既是一种自由组织，又是一层管理平台。

（二）分层设计

学校牵头，学部主导，社团联盟主持，对所有社团进行分层设计，理清关系，促使其健康发展。举例如下：

1. 按照性质属性

文学类：鹿鸣文学社（中学部）、莘莘文学社（小学部）、普明诗社、话剧社等。

艺术类：动漫社、摄影社、街舞社、音乐社、书画社、篆刻社、泥塑社、围棋社、象棋社等。

科技类：科技创新社、科技图片社、赛车社、魔方社、航模社、理学社、物理实验研究社、生物兴趣小组、数学爱好者联盟等。

体育类：足球社、篮球社、乒乓球社、羽毛球社、排球社、轮滑社等。

实践类：记者团、广播团、演讲团、推理社等。

公益类：环保社、宣传社、服务社、团员示范队等。

2. 按照活跃程度

草根社团：创立初期，范围较窄，影响不大，归年级管理。

知名社团：渐成规模，定期活动，影响较大，归年级管理。

中心社团：教师指导，社员众多，影响很大，归学部管理。

精英社团：资源丰富，形成规模，校外知名，归学校管理。

（三）资源整合

1. 社团课程化

对精英社团和中心社团进行课程化管理，列入课表，参与考评，建设活动场馆，分配课程资源，支持教学改革，年级、学部、学校的三级分权管理和对社团联盟的垂直管理相结合。

2. 活动规范化

定时、定点、定人，定教案、定学案、定方案。杜绝随意性、松散性、无目的性。建立社团活动的备课组、学科组、研讨组。领导牵头，教师负责，家长参与。

3. 构成多元化

广泛吸纳教师、家长、社会团体、社区组织参与学校社团。在教师中成立多种社团：车友俱乐部、钓鱼社、骑行社、棋牌社、舞蹈社、歌友会等。保持教师社团的活力，带动学生社团的发展。邀请家长参与社团活动，提高学生社团的交互性和对等性。比如，在我校的走廊、墙壁、橱窗、展板上，家长、老师、学生、专家的书画作品各有风姿，这是书画社活动成果的部分展示。

4. 影响社会化

校内外兼修，校内打造，校外发展；适应时代潮流，参与社区文化建设，为社会服务；开阔视野，促进自省，提升自我。学校与学校、学校与社区、学校与单位建立联系纽带，改善单一的认知学习方式，在交流合作中拓宽学习领域，拓展学习方式。

（四）动态考核

1. 建立社员发展的档案

以年级为纬线、社团为经线，为每一位社员建立发展档案，记载其成长足迹：参与社团活动的时间、地点、表现、成果，老师和同学对该社员的优缺点分析，家长的期望和寄语，等等。

2. 研究入社前后的变化

社团尤其关注文化成绩中差学生的发展变化，把他们在心理、情绪、意志、能力、成绩、人际关系等方面的表现做成“鱼骨图”，比照分析。鱼脊上端显示入社前的情况，鱼脊下端显示入社后的变化，从而方便学科教师进行个体关注和个案分析。

3. 完善师生考核的机制

（1）建立阶梯式的社团晋级机制：草根社团—知名社团—中心社团—精英社团。

（2）建立阶梯式的社团评奖机制：银元奖—金币奖—钻石奖—皇冠奖。

（3）建立阶梯式的教师晋级机制：一般教练—铜牌教练—银牌教练—金牌教练。

教师作为社团教练的晋级和待遇、职称、评优、考核挂钩，学生社团的晋级及个人表现和入团、评优、操行、成绩挂钩。

4. 搭建集中展示的平台

社团本身就是个性展示的舞台。从目的上看，展示分为学习性展示、表演性展示和交流性展示，主要是丰富学生的精神生活，提高学生的认识和水平。从展示的范围来看，可以分为课堂展示、班会展示、集会展示和文艺汇演，展示的预设目的各有侧重。课堂展示，主要是提高技艺；班会展示，主要是成果小结；集会展示，主要是彰显才华；文艺汇演，主要是进行智慧碰撞。

三、命题突破的意义

1. 学生社团是促进课程开发和搞好特色教育的有效方法

（1）社团是校本教材开发的突破口。

（2）社团是薄弱学科的有效性补充。

（3）社团是创新教学模式的急先锋。

（4）社团是学校特色教育的主战场。

2. 学生社团是追求绿色质量和关注课改生态的重要阵地

（1）社团不是老师的“对手”，而是老师的“助手”。

（2）社团与学科教学没有“分手”，而是其“抓手”。

（3）社团是学生的“左手”，课堂是学生的“右手”。

（4）社团不让学生“失手”，而会帮其成为“能手”。

3. 学生社团是构建幸福校园和提升校园文化的本质内涵

（1）社团提高了学生时代的幸福指数。

（2）社团丰富了学生的精神文化生活。

（3）社团提升了校园文化建设的层次。

（4）社团增强了学校的办学竞争实力。

四、命题运行的效果

个性化的课程服务扩展了学生的成长空间，促进了我校内涵发展，赢得了家长和社会的广泛赞誉。

1. 践行了办学思想

社团活动是践行办学思想的重要载体。绵阳外国语学校在 2001 年建校之初，就确立了“彰显个性”的办学宗旨。十二年来，学校坚持走内涵式发展道路，致力打造“优质绵外、幸福绵外”的校园文化。通过社团活动这一平台，学生幸福学习，幸福发展，幸福成长。每一位从绵外毕业的学生，留恋绵外的社团生活，留恋绵外对个性的尊重，这是流淌在我校的文化血脉，是润物细无声的素质教育。

2. 提升了教学业绩

建校十三年来，学校教学业绩呈直线上升趋势。学生规模从当初的 500 余人发展到现在的 7 000 余人；初中升入国家级重点高中的比例保持在 80% 左右，升入省重的比例则达到 100%。升入高中后的绵外学子，以“能力强、素质高、后劲足、发展好”被高一级学校所称道和喜爱。

3. 拓宽了成才渠道

海外留学输送一批：截止 2012 年年底，我校在国外名校的留学生达到 255 名，任业成、周大明等留学哈佛大学、牛津大学。

扬长发展培养一批：唐晨阳同学通过参加射击社团，充分发掘自身天赋，参加全国、省、市多项比赛，取得多项冠军，最后，成功入选国家射击队；胥力引同学通过参加网球社团，在全省中学生网球锦标赛中勇夺桂冠，被美国最负盛名的尼克网球学校录取，在全美州级青少年网球比赛中连夺多届冠军。我校不通过高考、中考途径，走特长发展道路的学生，据不完全统计已达 187 名。

升学考试成就一批：高分高能的绵外初中学生一直深受重点高中青睐，中考前意向性的录取已经遍地开花，中考的成绩，也只是作为一种佐证、一种参考。

4. 提高了学生素质

社团活动极大地提高了学生的综合素质。他们能说，敢说；能写，会写；肯想，善想；愿做，巧做。在艺术体育竞技、科技创新比赛、文理学科竞赛等各种赛事中获奖面大、得奖层次高；在运动会、艺术节、科技节等各种活动中组织能力强、协作沟通好。从绵外毕业的学生，有的已经成为上市公司的 CEO（如刘志超）；有的硕博连读，在世界著名学府深造（如李立松）。他们逐步走出校门，服务社会，其素质、习惯、品行、作风，也许就根植于当初参加的社团活动。

5. 扩大了社会影响

我校坚持“基础与素养”并举，“成人与成才”并重的理念追求，凭借高品质的生源输出，在基础教育界绽放异彩。学校连续十年获得绵阳市中高考评价“特等奖”。绵外学生社团活动开展的优秀经验入选团中央“优秀中学团委书记讲堂”，并向全国推广，在每年的全市社团风采节上，我们的社团活动及社团达人秀备受瞩目。在绵外，参与社团俨然成了一种生活形式、求知方式、成长模式，给学校“培养具有全球意识，以民族复兴为己任的现代人”的办学目标提供了强有力的支撑。

五、命题实验的反思

1. 继续研究社团和学习的关系

社团促进学习，但不能代替学习。二者有交集，也有分歧。通过社团和教学的双向改革，使之相辅相成、水乳交融，这是一个长期的、动态的观察、研究和实践的过程。

2. 继续激发社团的内在驱动力

社团有凝聚力和向心力，才有发展力和生长力。如何创新社团的活动机制、管理机制、评价机制，用创新促进发展，也是我们在社团文化达到一定高度后必然面临的新课题。

3. 继续挖掘社团构成的多向性

这里所谓的构成，既有成员的构成，也有社团类属的构成，还有发展目标的构成，这里有很优质的资源空间可以挖掘。比如，教师社团和学生社团的融合，家长和师生社团的融合，校与校之间社团的横向联系等，都可以做得更细、更精、更深入。

参考文献

[1] 杨宝忠. 论学生社团的功能[J]. 长春工业大学学报：社会科学版，2003.

[2] 李继兵. 站在先进文化的高度引导学生社团建设[J]. 广西民族大学学报：哲学社会科学版，2002.
[3] 王从严，张拥军，程为民. 和谐校园文化建设与学生社团的持续发展[J]. 中国青年研究，2008.